Wieland Lehmann

Wir vom Jahrgang 1939

Kindheit und Jugend

Impressum

Bildnachweis:

Dieter Köhler: S. 4, 13, 56 u.; Wieland Lehmann: S. 5, 6 o., 14 u., 24, 46 o.re, 54 u.; Lieselotte Langhammer: S. 6 u., 22, 26; Hildegard Kohnen: S. 7; ullstein bild: S. 8 (Granger, NYC), 14 o. (histopics), 15, 17, 19 o., 30 o. (dpa), 31 (dpa), 32 o. (Jochen Blume), 34 (dpa), 35 o. (Oscar Poss), 36 (dpa), 38 li. (Conti Press), 40 (mauritius), 43 (ddrbildarchiv.de), 45 (ddrbildarchiv.de), 48 (dpa), 50 (United Archives/KPA), 55, 60 li. (gardi), 60 re. (Perlia), 61 (Berlin-Bild); Roland Fleck: S. 9 li.; Rosemarie Schäfer: S. 9 re., 46 u., 47 o., 63; dpa Picture Alliance GmbH: S. 10 (Fotoreport); Dieter Vogel: S. 12, 62 u.; Eugen Sauter: S. 16; Kulturgeschichtliches Museum Osnabrück: S. 19 u.; Klaus Meier-Ude: S. 20, 29; Stadtarchiv Magdeburg: S. 21; Gustav Hildebrand: S. 23, 35 u., 47 u., 49 u.; Presse-Bild Poss (Oscar Poss): S. 27, 44, 51; Dietlinde Plümer: S. 30 u.; Sächsische Landesbibliothek, Staats- und Universitätsbibliothek Dresden, Abteilung Deutsche Fotothek: S. 32 u.; Stadtarchiv Augsburg: S. 33; Percy Ruf: S. 37; Dieter Ernst: S: 38 re., 39 o.; Klaus Hitzel: S. 39 u.; Gerlinde Erzel: S. 46 o.li., 57, 58; Stadtarchiv Wiesbaden: S. 49 o.; Jutta Völmecke: S. 54 o.; Karl-Heinz Schilling: S. 56 o., 62 o.; Else Auer: S. 59 o.; Stadtarchiv Gladbeck: S. 59 u.

Titelbilder: vorn o.: Dieter Vogel, vorn u.: Stadtarchiv Augsburg, hinten: Gustav Hildebrand

Wir danken allen Lizenzträgern für die freundliche Abdruckgenehmigung.
In Fällen, in denen es nicht gelang, Rechtsinhaber an Abbildungen zu ermitteln, bleiben Honoraransprüche gewahrt.

19. Auflage 2019

Gestaltung und Satz: r2 | Ravenstein, Verden
Druck: Druck- und Verlagshaus Thiele & Schwarz GmbH, Kassel
Buchbinderische Verarbeitung: Buchbinderei S. R. Büge, Celle

34281 Gudensberg-Gleichen • Im Wiesental 1
Telefon: 056 03/9 30 50 • www.wartberg-verlag.de
ISBN: 978-3-8313-3039-3

Liebe 39er!

Ja, so war das damals. Dieser Satz, belustigt, nachdenklich oder bestimmt artikuliert, ist zu hören, wenn es um Erinnernswertes geht. Das kann sowohl eine erfreuliche, ja lustige Begebenheit sein, als auch eine schwere, gefahrvolle Zeit. Bei unserem Jahrgang 1939 fiel beides zusammen. Was wussten wir Kinder schon von den Sorgen der Eltern, wir wurden geliebt, waren umsorgt, entdeckten die kleine Welt. Wie schwer es war, blieb zunächst unserem Verständnis verborgen. Mit zunehmendem Alter nahmen wir diese Seite des Lebens zwar etwas bewusster wahr, doch es veränderten sich auch die Umstände.

Nicht jedes individuelle Schicksal kann Eingang in ein Buch finden. Manches wird man wiederentdecken, was nicht mehr in Erinnerung ist, manches wird vielleicht die eigene Kenntnis bereichern, anderes kann auch überraschen. Und viele Menschen unseres Jahrgangs werden sich an ganz besondere, nur sie betreffende Erlebnisse und Ereignisse zurückerinnern. Doch jeder, der dieses Buch zur Hand nimmt, wird erneut oder nun noch bewusster ermessen können, was Eltern auf sich genommen haben, um uns Kindern eine lebenswerte und bessere Zukunft zu geben.

Kriegszeit und Nachkriegszeit waren der Zeitraum unserer Kindheit und Jugend. Und wer weiß, wie so manches unserer Schicksale verlaufen wäre, wenn es diesen Krieg nicht gegeben hätte. Doch Spekulationen helfen nicht, wir wurden in diese Zeit geboren und von ihr geprägt. Wer denkt nicht manchmal an die Ermahnungen unserer Eltern, mit den Nahrungsmitteln sorgsam umzugehen und sich an die schwere Zeit zu erinnern? Wer hat nicht schon mal seinen Kindern gesagt, welche Entbehrungen wir in unserer Kindheit auf uns nehmen mussten? Aber es war eine Kindheit, die auch schön war, an die wir uns gern erinnern.

Wieland Lehmann

Wieland Lehmann

Erste Erfahrungen aus der Geborgenheit

Erstaunter Blick aus sicherer Deckung.

Behütet und verwöhnt

Tief waren sie, die Kinderwagen, die Räder nur klein, der Korpus hoch. Ein recht großes Verdeck schützte uns vor Sonne und leichtem Regen. Schick waren die aus Korb. So mussten sich die Bewunderer schon herunterbeugen, um uns in Augenschein zu nehmen. Da wusste noch niemand, dass der Kinderwagen einmal ein wichtiges Transportmittel oder sogar ein Tauschobjekt in der Notzeit werden würde. Jetzt ging es erst einmal um unser Wohl. Wir mussten gestillt, gewickelt, beruhigt und bekleidet werden. Und mit zunehmenden Jahren wurde uns der Schnuller oder das Daumenlutschen auf ganz unterschiedliche

Chronik

30. Januar 1939
Hitler erklärt im Kriegsfalle die „Vernichtung der jüdischen Rasse in Europa".

15. Mai 1939
In Ravensbrück entsteht ein Konzentrationslager für Frauen.

28. Juli 1939
Der erste Einheitsfernseher wird bei der Eröffnung der Rundfunkausstellung präsentiert.

1. September 1939
Überfall auf Polen, Beginn des Zweiten Weltkrieges.

25. September 1939
Einführung von Lebensmittelkarten.

9. April 1940
Die Deutsche Wehrmacht marschiert ohne Kriegserklärung in Dänemark und Norwegen ein.

10. Mai 1940
Einmarsch der Wehrmacht in die neutralen Länder Niederlande, Belgien, Luxemburg.

15. Oktober 1940
In New York wird Charlie Chaplins Film „Der große Diktator" uraufgeführt.

12. Mai 1941
Der Ingenieur Konrad Zuse stellt die erste programmgesteuerte Rechenmaschine vor.

4. Juni 1941
Im Exil in Doorn stirbt Wilhelm II. im Alter von 82 Jahren.

17. Juli 1941
Für die Gaststätten und Beherbergungsunternehmen wird verfügt, dass während der Wehrmachtsberichte im Rundfunk keine Gäste bedient werden dürfen, um das Abhören dieser Berichte nicht zu stören.

19. September 1941
Alle Juden über sechs Jahre müssen den gelben Judenstern tragen.

31. Oktober 1941
In Berlin wird der erste deutsche Farbfilm „Frauen sind doch bessere Diplomaten" mit Marika Rökk vorgestellt.

11. Dezember 1941
Hitler verkündet die Kriegserklärung an die USA.

Hallo, hier bin ich.

Art abgewöhnt. Wir lernten krabbeln und richtig sitzen, machten mit elterlicher Hilfe die ersten Schritte, bis wir schließlich allein laufen konnten. Unser Entdeckungsdrang konnte sich nun auf einen größeren Radius ausweiten. Unsere Eltern waren darum bemüht, uns zu behüten und zu beschützen.

Wir wurden natürlich hübsch angezogen. Vor allem Gestricktes zierte uns, sowohl Mädchen als auch Jungen. Auf unseren Kinderfotos zeigt sich: Das Ergebnis mütterlichen und großmütterlichen Fleißes konnte sich sehen lassen. So bestrickt machten wir ganz sicher bei Verwandten und Bekannten einen hervorragenden Eindruck. Unsere Eltern waren stolz auf uns und Fotos von uns machten die Runde.

Na, wie seh' ich aus?

Geschwisterlich bestrickt.

Braun ist nicht nur eine Farbe

Was konnten wir in dieser Zeit aus unserem Kinderwagen oder auf dem Arm unserer Mütter sehen? Das Leben verlief für uns so normal, wie für Kinder dieses Alters in jeder Zeit. Graue, braune oder schwarze Uniformen bevölkerten die Straßen. Wenn sie durch die Stadt marschierten, standen so manche unserer Mütter mit dem Kinderwagen am Straßenrand. Wir konnten gar nicht wissen, was Marschieren für Folgen haben würde.

Eine ganze Gesinnung wird man später als braun bezeichnen. Es war eine Zeit des Befehlens und Gehorchens, eine Zeit, in der brutal Macht ausgeübt wurde. Die Mächtigen hatten ihren Blick auch auf uns Kinder gerichtet. Wir sollten in das System eingeordnet werden. Unsere größeren Geschwister, die in der HJ oder dem BdM organisiert waren, weckten zwar, wenn sie zum Dienst gingen, in ihrer Aufmachung unser Interesse. Doch das war auch alles. Es gehörte eben zum normalen Alltag.

Wer von den Erwachsenen Verhaftungen oder Abtransporte zu sehen bekam, der schwieg besser, erfuhren wir viel später. Und uns Kindern erklärte man zu dieser Zeit schon gar nichts. Wurde der Volksempfänger angeschaltet, klangen bedeutsame Musik, viele Reden, doch auch Hörspiele oder Unterhaltungsmusik durch das Zimmer. Wir jedenfalls freuten uns am Spiel. Und da wurde sogar gezielt geschossen – natürlich ganz gefahrlos.

Nicht angetreten, sondern aufgestellt.

Rationierung und Schwarzmarkt

ültig vom 8. 3. bis 4. 4. 1943

Reichsfleischkarte

47

EA: Siegen-Stadt

Name: G. Martin

Wohnort: Siegen

Straße:

Ohne Namenseintragung ungültig!
Nicht übertragbar!

Der Beginn des Zweiten Weltkrieges war zugleich der Anfang der Rationierung von Lebensmitteln. Über Lebensmittelkarten zugemessene Rationen waren eine Regelung, um alle Reserven für den Krieg zu mobilisieren. Nach Beendigung des Krieges mussten die Lebensmittel aber erst recht rationiert werden, um wenigstens eine allgemeine Versorgung der Menschen zu sichern und die größte Not zu lindern. Vor allem in den meisten größeren Orten, Gemeinden und Städten war die Lebensmittellage katastrophal. Aber nicht nur Brot, Milch, Fleisch, Fett, Zucker, sondern auch Seife, Waschpulver und Bekleidung gab es auf Karten bzw. Bezugsscheine. Daneben etablierte sich ein Schwarzmarkt, bei dem nicht nur getauscht wurde, sondern auch Lebensmittel und Waren zu außerordentlich überhöhten Preisen zu haben waren.

Wurden die Rationen mit der Zeit etwas größer, so verloren die Lebensmittelkarten und Bezugsscheine erst mit der am 20. Juni 1948 erfolgten Währungsumstellung von der alten Reichsmark auf die neue D-Mark in den Westzonen ihre Berechtigung. Plötzlich gab es über Nacht wieder Dinge zu kaufen, die man tags zuvor noch vergebens in den Geschäftsauslagen gesucht hatte. In der sowjetischen Besatzungszone führte die Einführung der Handels organisation (HO) zum freien Verkauf von Lebensmitteln zu erhöhten Preisen und damit zur schrittweisen Abschaffung der Karten.

Und wo ist Vater?

Wohin ging der Vater, der sich in einer grauen Uniform verabschiedete? Warum gab es deshalb Tränen? Er sollte doch bald wieder da sein. Auf den so hochgelobten Autobahnen rollten die Militärfahrzeuge. Die Einberufung bedeutete Trennung. Froh war der, der noch nicht betroffen war. Doch wer gehen musste, dem fiel der Abschied von uns und unseren Müttern schwer.

Kam ein Brief von der Front (was verstanden wir eigentlich wirklich von dieser Formulierung?), war das ein besonderer Tag. So mancher Mutter standen die Tränen in den Augen. Kamen unsere Väter auf Heimaturlaub, war das ein richtiges Fest. Wir wurden in die Arme genommen und stolz von Mutter und Vater im Kinderwagen geschoben. Unsere ersten Schritte wurden erfreut zur Kenntnis genommen, die ersten Worte oder Sätze bejubelt.

Vernichtung „unwerten Lebens“ – Die grauen Busse

Bei allen Bedrängnissen durch den Krieg, die vor allem unsere Mütter zu bestehen hatten – wir hatten nur wenig Kenntnis davon, fühlten uns sicher. Doch es gab auch eine andere Seite des Lebens in unseren jungen Jahren. Sie wird als „dunkles Kapitel“ bezeichnet, die NS-Zeit. Das Kapitel eines Buches kann man lesen, für wichtig befinden oder überschlagen. Was sich allerdings in der Zeit des Nationalsozialismus ereignet hat, lässt sich weder einfach nur zur Kenntnis nehmen noch vergessen.

Charles Robert Darwin veröffentlichte 1859 Thesen zur natürlichen Zuchtwahl, zur Entstehung der Arten und über den natürlichen Mechanismus von Reproduktion, Mutation und Selektion. Mit seinem Hauptwerk „Über die Entstehung der Arten“ schuf der Naturwissenschaftler die Grundlage der modernen Evolutionsbiologie. Der Sozialdarwinismus übertrug die Thesen auf die menschliche Gesellschaft, was die Nazis für ihre Rassentheorie und -lehre nutzten. Sie war auch die Grundlage für die Massenvernichtung von Kranken, von, wie die Nazis es formulierten, „unwertem Leben“. Ziel war die Entwicklung des „nordischen Blutes“, eines „Herrenvolkes“. Bereits 1933 wurde das Gesetz zur „Verhütung erbkranken Nachwuchses“ verabschiedet.

Damit war der Weg geebnet, auf dem sich Heil- und Pflegeanstalten zu einem Ort der Vernichtung entwickelten. Im Oktober 1939 wurde von Hitler ein Ermächtigungsscheiben unterzeichnet, das die Grundlage für ein „Euthanasie-Programm“ war, das unter der Tarnbezeichnung „Aktion T 4“, der Adresse einer Dienststelle in Berlin, ablief. Dahinter verbarg sich die Tötung von geistig oder körperlich behinderten Kindern. 1939 wurde damit begonnen. Nach Hadamar in Mittelhessen, nur ein Beispiel, wurden die Menschen in grauen Bussen transportiert. Die Anstalt lag auf einem Hügel, oberhalb des Ortes. In den Gaskammern wurden ca. 14 500 Kinder und Erwachsene getötet. Die rauchenden Schornsteine waren von überall her zu sehen. Insgesamt wurden 120.000 Menschen Opfer der Euthanasie, wobei die Kinder durch Spritzen und Medikamente getötet wurden und die Erwachsenen überwiegend in den Gaskammern umkamen.

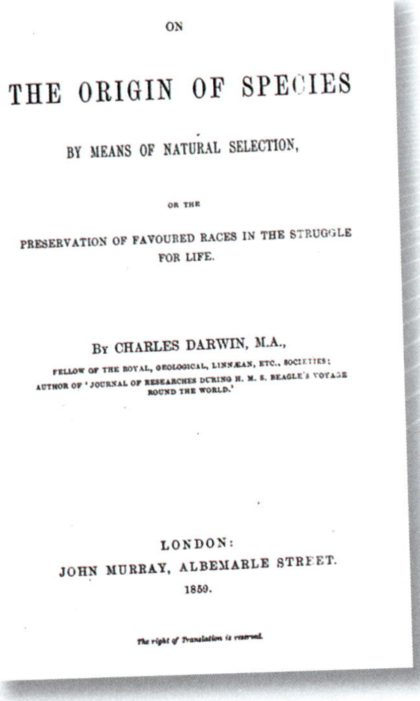
ON

THE ORIGIN OF SPECIES

BY MEANS OF NATURAL SELECTION,

OR THE

PRESERVATION OF FAVOURED RACES IN THE STRUGGLE FOR LIFE.

BY CHARLES DARWIN, M.A.,

FELLOW OF THE ROYAL, GEOLOGICAL, LINNÆAN, ETC., SOCIETIES;
AUTHOR OF 'JOURNAL OF RESEARCHES DURING H. M. S. BEAGLE'S VOYAGE ROUND THE WORLD.'

LONDON:
JOHN MURRAY, ALBEMARLE STREET.
1859.

The right of Translation is reserved.

Die Nazis bedienten sich der Lehre Charles Darwins, die er 1859 in seinem Werk "The Origin of Species" dargelegt hatte.

Der Papa auf kurzem Besuch.

Uniformen gehörten zur Familie.

Das Leben war doch ganz in Ordnung. Doch es folgte auch bald wieder der Abschied. Wer kann es eigentlich noch heute ermessen, wieviel Stärke unsere Mütter dabei aufbringen mussten? Ein Feldpostbrief war immer ein Lebenszeichen, eine erneute Hoffnung. Wie sollte es weitergehen, wenn statt eines Feldpostbriefes die Nachricht vom Tod des geliebten Mannes und Vaters eintraf?

Karamellbonbons und Haferflockenplätzchen

Die Härte des Krieges machte sich in der Heimat nicht nur durch die Abwesenheit vieler Väter bemerkbar. 1941 wurde die Fleischration gekürzt und Reichskleiderkarten wurden eingeführt. Die Sorge um die Ernährung wurde dringender. Unsere Mütter erinnerten sich an alte Rezepte, wurden erfindungsreicher. In der Zeitung wurden Ratschläge zu sparsamem Verbrauch der Nahrungsmittel gegeben. „Karamellbonbons" konnte man selber machen. Wasser auf dem immer wichtiger werdenden Küchenherd heiß gemacht, Zucker rein, etwas Fett und vielleicht auch Milch – das ergab eine gebräunte Masse, die mit dem Löffel auf dem heißen Herdrand in kleine Portionen verteilt wurde. Die so entstandenen Bonbons waren eine wunderbare Leckerei. Dem standen die Haferflockenplätzchen nicht nach. Für das immer dunkler und spröder werdende Brot brauchte man einen Aufstrich. Zuckersirup eignete sich dazu hervorragend. Zuckerrüben wurden geputzt, geschnitten und in großen Töpfen gekocht. Kessel im Waschhaus waren für größere Mengen ideal. Süß war der Sirup und die damit geschmierte Brotscheibe schmeckte uns köstlich.

Auch an der Bekleidung musste gespart werden. Die Näh-, Schneider- und Strickarbeiten waren für unsere Mütter eine weitere Herausforderung. Sie arbeiteten vor allem in der Küche, die immer mehr zum am meisten genutzten Aufenthaltsraum wurde. Besonders gemütlich wurde es, wenn bei der Arbeit auch die Nachbarinnen dabei waren und eine Tasse Malzkaffee getrunken wurde. Und für uns Kinder war es immer interessant, dabeizusitzen, zu spielen und aufmerksam den Gesprächen der Frauen zuzuhören.

Widerstand

Hitler zujubelnde Menschen bestimmten das offizielle Bild der Zeit des Nationalsozialismus. Doch das war nur eine Seite des Lebens in Deutschland. Bereits mit der Machtübernahme durch die Nazis kamen Sozialdemokraten und Kommunisten in Konzentrationslager. Die Verfolgung der Gegner dieser Diktatur nahm unvorstellbare Ausmaße an. Doch in gleicher Weise wuchs der Widerstand mutiger Männer und Frauen. Vielerorts bildeten sich Widerstandsgruppen, deren Mitglieder aus allen sozialen Schichten und politischen Lagern kamen. Die Widerstandsgruppen verbreiteten Flugschriften und Klebezettel gegen den Nationalsozialismus und unterstützten rassisch und politisch Verfolgte. Einige dieser Gruppen in Berlin, die rund 50 Frauen und über 100 Männer umfassten, wurden von der Geheimen Staatspolizei (Gestapo) mit dem Sammelbegriff „Rote Kapelle“ belegt. An der Münchner Universität leisteten Sophie und Hans Scholl mit ihren Freunden Widerstand. Seine christliche Gesinnung führte den evangelischen Theologen Dietrich Bonhoeffer in die Reihen der aktiven Gegner der Nazis. Einen Höhepunkt erreichte der Widerstand mit dem Attentat auf Hitler am 20. Juli 1944 durch Claus Schenk Graf von Stauffenberg mit dem „Kreisauer Kreis“. Die Frauen und Männer des Widerstandes wurden zu Vorbildern für Mut und Standhaftigkeit gegen jegliche Diktatur.

Der Fantasie gefolgt

Womit haben wir als Kleinkinder gespielt? Bausteine, Holzautos, Puppen, bunter Ball, Panzer und Soldaten, Gekauftes und Gebasteltes – das Spektrum der Gegenstände unserer Spiellust war breit. Uns kam es darauf an, unserer Fantasien freien Lauf zu geben. Natürlich war die Welt der Erwachsenen unser Vorbild für kindliche Übertragung. Doch immer noch galt das Spiel, das ungezwungene, unangepasste Spiel. Wenn wir so ganz im Spiel versunken waren, dann war ein Ruf, eine Ermahnung der Eltern eine lästige Störung.

Natürlich musste nach dem Spiel aufgeräumt werden, schließlich gab es bei den Spielsachen einiges, was auch wir unbedingt geschützt wissen wollten. Sorgsam gingen wir mit allem um. So mancher von uns hat sogar noch etwas von den damaligen Sachen in seinem Besitz oder wird irgendwo darauf aufmerksam. Nein, überreichlich waren unsere damaligen Schätze keinesfalls, doch wir waren glücklich und zufrieden. Warum waren einige von uns eigentlich zutiefst betrübt, als ihnen nach dem Krieg der Zinnsoldat, der Panzer, das Geschütz, das Pferde zogen, das Holzgewehr weggenommen und vernichtet wurden?

Prominente 39er

8. Feb. ***Tina Turner****, amerikanische Rocksängerin*
17. März ***Giovanni Trapattoni****, italienischer Fußballtrainer*
18. März ***Peter Kraus****, Sänger, Schauspieler, Entertainer*
31. März ***Volker Schlöndorf****, Regisseur*
7. April ***Francis Ford Coppola****, Regisseur, Produzent, Drehbuchautor*
22. April ***Theo Waigel****, CSU-Politiker*
3. Mai ***Helmut Thoma****, österreichischer Medienmanager*
4. Mai ***Amos Oz****, israelischer Schriftsteller*
18. Mai ***Hark Bohm****, Regisseur und Schauspieler*
7. Juni ***Hans-Christian Ströbele****, Grünen-Politiker*
2. Juli ***Rex Gildo*** *(Ludwig Alexander Hirtreiter), Sänger*
14. Juli ***Karel Gott****, Sänger, Schauspieler*
17. Juli ***Milva*** *(Maria Ilva Biolcati), italienische Sängerin*
4. Sept. ***Erwin Teufel****, CDU-Politiker*
2. Okt. ***Ursula Karusseit****, Schauspielerin und Regisseurin*
5. Okt. ***A. R. Penk****, bildender Künstler*
14. Okt. ***Ralph Lauren****, Modedesigner*
9. Nov. ***Björn Engholm****, SPD-Politiker*
18. Nov. ***Margaret Eleanor Atwood****, kanadische Schriftstellerin*

Vom Spiel zum Ernst des Lebens

Mit Tempo in die nächsten Jahre.

Rollern, Kreiseln, Reifen treiben und andere Spiele

Womit vertrieben wir Vierjährigen uns die Zeit? Mit Spielen natürlich, was sonst. Und das war umso schöner, wenn wir auf die Straße konnten. Da konnten wir unserem Bewegungsdrang Ausdruck verleihen. Mit einem Roller kamen wir richtig in Schwung. Der war natürlich aus Holz und die Räder kannten keine Luftbereifung. Noch schneller waren wir auf zwei Beinen, wenn wir einen Reifen mit einem Stöckchen vor uns hertreiben konnten. Eine alte Fahrradfelge eignete sich dazu vorzüglich.

Chronik

1. Januar 1942
26 Staaten unterzeichnen in Washington den „Pakt der Vereinten Nationen".

20. April 1942
Frauen werden in Deutschland zur Arbeit in Rüstungsbetrieben verpflichtet.

3.Oktober 1942
In Peenemünde gelingt der erste Start einer A4-Rakete, der V2. Es ist die erste Fernrakete der Welt.

8. Oktober 1942
In Berlin wird der Film „Wir machen Musik" mit Ilse Werner und Victor de Kowa uraufgeführt.

30. Januar 1943
Kapitulation der deutschen 6. Armee bei Stalingrad.

11. Februar 1943
Die Fünfzehnjährigen werden als Luftwaffenhelfer rekrutiert.

18. Februar 1943
Goebbels verkündet im Berliner Sportpalast den „totalen Krieg".

22. Februar 1943
Sophie und Hans Scholl sowie ihr Freund Christoph Probst werden als Mitglieder der Widerstandsgruppe „Weiße Rose" hingerichtet.

1. April 1943
Uraufführung des Films „Karneval der Liebe" mit Johannes Heesters.

19. April 1943
Beginn des Aufstands im Warschauer Ghetto.

15. Juni 1943
Ganze Schulklassen werden wegen der Bombenangriffe geschlossen verlegt.

6. Juni 1944
Die Alliierten beginnen in der Normandie mit 6000 Schiffen die Invasion in Westeuropa.

20. Juli 1944
Bombenattentat der Widerstandsgruppe um Stauffenberg auf Hitler scheitert.

25. September 1944
Alle wehrfähigen Männer zwischen 16 und 60 Jahren werden zum Volkssturm erfasst.

Im ersten Auto mit Beifahrer.

Ruhiger ging es schon beim Kreiseln zu. Die Kreisel waren aus Holz mit einer metallenen Spitze. Ein Stock für eine Peitsche fand sich, und ein Stück Schnur, nicht zu dick, nicht zu dünn, konnten wir auch immer auftreiben. Es war ein Vergnügen, dem Kreisel den nötigen Schwung zu geben, ihn so zu treffen, dass er tanzend und surrend über das Pflaster fegte.

Beliebt war das Spiel „Räuber und Gendarm". Da war nicht nur unsere Bewegung gefordert, wir konnten uns eben aussuchen, mit wem wir gern zusammen sein wollten. Auch beim Völkerball kam es darauf an, mit wem wir uns gut verstanden. Und ein Besuch im Freibad, einem See oder Fluss war immer ein Erlebnis.

War das Wetter schlechter, dann waren für die Mädchen die Puppen und die Puppenstube der besondere Anziehungspunkt, für die Jungen waren das eine Ritterburg, Bleisoldaten oder eine kleine Eisenbahn, die man aufziehen konnte. Eine elektrische Eisenbahn war für die meisten von uns

ein unerfüllbarer Traum. Auch kleine Modelle von Dampfmaschinen, Hammerwerken, die richtig in Gang gesetzt werden konnten, begeisterten uns. Und wer gar ein kleines Auto erhielt, das mit den Beinen in Bewegung gebracht wurde, der schätzte sich vollends glücklich und wurde beneidet.

Bomben auf Städte und Dörfer.

Wir suchen Schutz

Immer wieder hörten wir ein Dröhnen in der Ferne. Unsere Mütter packten einige Sachen zusammen, die stets bereitstanden. Der Krieg kehrte immer näher an seinen Ausgangspunkt zurück. Wenn das Dröhnen der Flugzeuge zu hören war und die Bomberschwärme den Himmel zu verdunkeln begannen, war es höchste Zeit, nach einer schützenden Bleibe zu suchen. In den Städten konnte man, sofern ein Bunker in der Nähe war, in die Betonmauern flüchten. Ansonsten nahm man das bereitstehende Bündel und lief in den Keller. Immer in der Hoffnung, man möge auch diesmal verschont werden. Die Einschläge ließen die Wände erzittern, Staub breitete sich aus, wir Kinder drückten uns an die Mutter oder die Verwandten. So manche unserer Mütter betete seit Langem wieder zum ersten Mal.

Glücklich, doch noch lebend einem Keller entkommen zu sein, sahen wir die Zerstörungen, sahen die Brände, hörten das Rufen der Namen von Verwandten, die gesucht wurden. Schlimm war es, wenn das eigene Heim in Trümmern lag.

Auch im Freibad modisch gekleidet.

Auf der Suche nach einer neuen Heimat

Das Wort Treck ist für viele von uns ein Begriff. Die Erinnerungen an Flucht und Vertreibung sind unauslöschlich: das Nötigste packen, die Heimat verlassen, ohne zu wissen, was geschieht und wie es weitergeht. Wer von uns mit seiner Mutter oder Großmutter einen Platz auf einem Fuhrwerk fand, war erst einmal geborgen. Doch mancher von uns saß auf einem Wägelchen, das von den Erwachsenen gezogen wurde. Die hatten einen langen Fußmarsch zurückzulegen. Der Winter 1944/1945 war hart, eine kurze Rast in einem verlassenen Haus, in einem Pferdestall brachten etwas Wärme, bis es weiterging.

Für uns Fünf- und Sechsjährige war es weniger das Wissen um die Aufgabe heimatlicher Geborgenheit, die Furcht vor Gefahr, als vielmehr ein ungewöhnliches Abenteuer. Eine Puppe oder einen Teddy pressten wir fest in die Arme. In Turnhallen, Gaststätten, Schulen – oder was davon übrig geblieben war – wurden wir erst einmal untergebracht, bevor die Suche nach einer neuen Bleibe oder die von der Gemeinde verordnete Einquartierung erfolgte. Es gab viel Hilfsbereitschaft, doch nicht überall wurden wir freundlich aufgenommen. Wer von uns bei einem Bauern unterkam, konnte auch mal satt werden. Aber wir hofften mit unseren Müttern, dass es doch wieder besser werden würde.

Für uns Sechsjährige hatte diese Situation manchmal sogar ganz akzeptable Bedingungen. Wir fanden neue Spielgefährten. Was konnten wir in der völlig anderen Umgebung alles entdecken! So mancher von uns erlebte die Hilfsbereitschaft ganz direkt: Was war es doch für ein Genuss, in das belegte Brot eines Gleichaltrigen zu beißen, dessen Eltern noch ihre Landwirtschaft oder vielleicht sogar einen Fleischerladen hatten.

Kriegsende – Frauen und Kinder auf der Flucht.

Fröhliche Begegnung mit den Siegern.

Fremde Uniformen, doch wir hatten keine Angst

Der Krieg ging zu Ende, es wurde nicht mehr geschossen, wir brauchten nicht mehr Angst vor Bomben zu haben. Jede und jeder von uns erlebte den Untergang oder die Befreiung auf seine spezielle Weise. Wir alle aber wussten zumindest: Jetzt kommen die Feinde. Und da waren sie nun.

Waren sie uns nicht immer wieder als Abschreckung geschildert worden? Mit den Besatzern ergaben sich völlig neue Eindrücke. Die fremden Uniformen, die fremden Worte weckten eher unsere Neugier. Wohl keiner von uns hatte schon vorher einen leibhaftigen Schwarzen gesehen. War es wirklich so, dass, wenn man einem solchen die Hand gab, die Farbe abfärbte? Als Kinder brauchten wir wohl doch keine Angst zu haben. Hörten wir auch viel vom gewaltsamen Vorgehen, vom Hass, den die einrückenden Truppen auf die Deutschen hatten, für uns hatten sie offenbar ein Herz. Der erste Kaugummi eines Amerikaners ist vielen von uns in Erinnerung. Oder die getrockneten, bisher uns unbekannten Früchte von den französischen Soldaten. Aber auch ein Stück Brot von den Russen war keinesfalls zu verachten.

Immer wieder zog es uns in die Nähe der fremden Soldaten, und wir versuchten, uns mit ihnen halbwegs zu verständigen, was manchmal den Erwachsenen durchaus zugutekam.

Ein Heim gefunden

Wer hat die Kinder gezählt, die während des Krieges ihre Eltern verloren haben? Waren die Väter im Krieg gefallen, die Mütter in den Bombennächten verschüttet und getötet worden, Kinder auf der Flucht von ihren Verwandten getrennt worden – in dem immer kleiner werdenden Deutschland irrten immer mehr Kinder umher, die keine Zukunft mehr zu haben schienen. Wohin sollten sie sich wenden, als der Krieg vorbei war? Heimat- und elternlos geworden, verkrochen sie sich in Trümmern, streiften durch die Gegend und versuchten, etwas aufzutreiben, um den Hunger wenigstens notdürftig zu stillen, eine geschützte Bleibe zu finden. Es galt, der Verwahrlosung der Jugend Einhalt zu gebieten.

Wurden bereits von den Besatzungssoldaten Kinder, die irgendwo aufgegriffen wurden, deutschen Behörden, die manchmal auch nur vorübergehend bestanden, oder Menschen übergeben, die sich darum kümmern sollten, so wurden mit der Einrichtung der Verwaltung allmählich Bedingungen geschaffen, die eine sichere Unterbringung gewährleisten konnten. Waisenhäuser wurden zu Rettungsinseln im Kampf ums Überleben. Und doch hatte allein der Begriff Waisenhaus bereits eine negative Wirkung auf Außenstehende. So klang der Begriff Kinderheim etwas angenehmer.

Ein Kind, welches bekannte, aus dem Waisenhaus zu kommen, war durchaus in seinem Ansehen dem gegenüber im Nachteil, das ein Kinderheim als Adresse angeben konnte. Und trotzdem: Wussten die Mitschüler, wer unter ihnen aus einem Waisenhaus oder Kinderheim kam, so hatte der manchmal nichts zu lachen. Dabei waren vor allem viele Frauen darum bemüht, den Kindern in den Heimen ein neues Zuhause zu schaffen. Dort gab es eben Menschen, die selbst eine Aufgabe gefunden hatten und versuchten, den Kriegsfolgen mit menschlichem Engagement zu begegnen. Die Kinder erhielten eine sichere Heimstatt, in der sie mit Schicksalsgenossen für ihr weiteres Leben eine Grundlage erhielten. Von hier aus war eine Vermittlung an Paten oder Familien möglich. Manch einer hat sich später dankbar erinnert, dass er aus dem Heim heraus einen sicheren Lebensweg finden konnte.

Berliner Kinderheim.

Vorsicht, Ansteckung!

Viele Menschen auf engstem Raum, Notquartiere, schlechte hygienische Verhältnisse, unzureichende Ernährung – es war ganz natürlich, dass sich in der ersten Zeit nach dem Kriege Ungeziefer und Krankheiten rasch entwickeln und ausbreiten konnten. Schnell hatte man sich Läuse eingefangen, schlimmer waren in manchen Quartieren noch die Wanzen. Gefürchtet war die Krätze, und man musste darauf achten, dass man keinem zu nahe kam, der diesen hässlichen Hautausschlag mit sich trug. Der Mangel an ausreichender Ernährung machte vor allem die Kinder anfällig für Tuberkulose. Auch hier war Distanz zu wahren. Und die Angst, sich irgendwo anzustecken, hatte wohl jeder in dieser Zeit. Auch die Angehörigen der Besatzungsmächte waren nicht frei davon. Ständige Kontrollen, Untersuchungen und Impfungen sollten diesen Auswirkungen begegnen. Erfolgreich war das aber erst, als sich die Lebensverhältnisse insgesamt langsam und schrittweise verbesserten.

Stoppeln, Hamstern, Kohlenklau

Die Sorge um das tägliche Überleben bestimmte das Leben der Menschen. Jeder nutzte jede Gelegenheit, die Hunger und Kälte mildern konnte. Waren die Felder abgeerntet, strömten wir Kinder mit auf die Felder. Stoppeln wurde zu einem festen Begriff. Mit Säcken und Beuteln bewaffnet, lasen wir die übrig gebliebenen Ähren und Körner auf. Und wir waren froh, wenn wir unser Beutelchen halbwegs füllen konnten.

Auch auf den abgeernteten Kartoffelfeldern halfen wir, die letzten „Schätze" zu bergen. Es machte durchaus nichts, dass oftmals die Suppe nur aus Wasser und geriebenen Kartoffeln bestand. Pellkartoffeln waren schon ein Festessen. Unsere Mütter bewiesen wieder einmal ihren Einfallsreichtum.

Wer noch Sachen vor Vertreibung oder Bomben hatte retten können, nutzte sie nun zum Tausch. So mancher Gegenstand, so manches Stück trugen unsere Mütter zu Bauern, bei denen sich mit der Zeit Sachen häuften, die sie eigentlich gar nicht brauchen konnten. Dafür gaben sie Milch, Eier, Brot, Mehl und vielleicht auch mal ein Stückchen Wurst, Fleisch oder Speck und Butter. So wurde durch solche Hamstertouren aufopfernd für uns gesorgt. Wir konnten die Züge sehen, die überfüllt mit „Hamsterern" waren, sie fuhren auf Puffern und Trittbrettern und mussten noch dazu fürchten, dass ihnen die Lebensmittel bei einer Kontrolle wieder abgenommen werden würden.

War irgendwo ein Zug oder ein Auto mit Kohle angekommen, dann rannten wir schnell nach Hause, das zu melden, denn immer waren sofort viele Leute da, um etwas von dem wärmenden Reichtum zu erbeuten. Doch auch hier war Vorsicht geboten, leicht konnte man erwischt werden und musste erfolglos von dannen ziehen.

Auf den besten Platz kommt es an.

Erlebniswelt Schwarzmarkt

Der Handel blühte in diesen Jahren, aber nicht in den Geschäften, sondern auf Straßen und Plätzen, auf dem Schwarzmarkt. Da war doch immer was los! Für uns war das ein besonderer Anziehungspunkt. Es wurde nicht nur gekauft und verkauft, was war das Geld schon wert? Es wurde vor allem getauscht. Zigaretten waren zum Beispiel ein wichtiges Zahlungsmittel.

Doch der Aufenthalt auf dem Schwarzmarkt war nicht ohne Risiko, denn die Ordnungshüter schritten immer wieder ein. Man musste also auf der Hut sein. Einfallsreichtum war gefragt, wenn es notwendig war, die Angebote schnell zu verstecken. Oft wurde einem Vorübergehenden nur zugeflüstert, was angeboten wurde. An einem sicheren Ort, hinter einer Trümmerwand, in einem

Biete ..., suche ...

Hauseingang, an einer Ecke konnte das „Geschäft“ zustande kommen. Posten hielten Ausschau, ob sich ein Polizeiauto näherte und war das der Fall und wurde von den ersten Fliehenden lautstark verkündet, dann stoben die Händler und Kunden in alle Himmelsrichtungen auseinander. Wir Kinder konnten uns dabei durchaus nützlich machen und „Schmiere stehen“. Das waren für uns oft spannende Erlebnisse.

Haben wir nicht eine schöne Bude?

Unser Spielplatz war die Trümmerwüste

Die Städte lagen in Schutt und Asche, selbst viele Dörfer waren betroffen. Für uns war es eigentlich eine aufregende Zeit. Welche Generation von Kindern hatte schon so viele Steine, um sich Buden oder wunderbare Verstecke zu bauen? Viele Löcher und Öffnungen weckten unsere Neugier. Wer von uns würde der Erste sein, der sich hineinwagte? Wir konnten herumklettern, aber manche Mauer schwankte bedenklich. Und unsere Mütter waren nicht wenig in Sorge, wenn sie uns auf Trümmern herumturnen sahen. Viele von uns waren, weil die Mütter arbeiten mussten, sowieso für längere Zeit sich selbst überlassen. Natürlich war es manchmal auch gefährlich, doch ängstlich waren wir nicht.

Überall lag noch Munition herum, selbst leere Patronenhülsen eigneten sich zum Sammeln. Kaputtes Kriegsgerät wie Autos und Geschütze wurde für uns zum selbstverständlichen Anziehungspunkt. Und manchmal nützte es nichts, wenn uns die Mütter verboten, sich damit zu beschäftigen. Es war, wie wir manchmal erst später erfuhren, nicht nur die Angst um uns, sondern auch die feste Haltung: Mit Krieg und Waffen wollte niemand mehr jemals etwas zu tun haben.

Schippe um Schippe dem Schutt zu Leibe rücken.

Beeindruckend: Die Trümmerfrauen

Heute lassen nur noch Bilder erahnen, welche Ausmaße die Zerstörungen in Deutschland hatten. Damals standen viele zunächst ratlos vor den Trümmern. Wie sollte das jemals wieder weggeräumt werden? Unsere Mütter waren die Heldinnen der Zeit, die Trümmerfrauen. Die Haare unter einem Turban verborgen und vor dem Ziegelstaub geschützt, in den ältesten Kleidern, die Hände in Handschuhen unterschiedlichster Qualität, gingen sie ans Aufräumen. Es war schwer für sie, die Ziegel waren rissig, der Putz musste abgeklopft werden. Die Arbeit war ungewohnt. So manche unserer Mütter entwickelten eine Kraft, die sie sich selbst nicht zugetraut hätte.

Aber sie waren nicht allein, konnten sich einreihen in die Reihen der Schicksalsgenossinnen. Notzeiten schmieden zusammen. Sie stützten und halfen sich gegenseitig. Von den hohen Schuttbergen reichten sie Ziegel für Ziegel weiter, luden sie auf Loren, die auf schmalen Gleisen transportiert wurden, und stapelten sie in großen Karrees auf. Das war künftiges Baumaterial. Während unsere Mütter schufteten, standen wir oft in der Schlange, wenn Brot und Heizmaterial ausgegeben wurden. Wenn sie abends nach Hause kamen, waren sie erschöpft, doch es ging weiter mit der Arbeit, mit der Sorge für die Familie. Die Hände, mit denen sie uns streichelten, waren hart und rissig geworden.

Stolz und brav: Wir kommen in die Schule

Im ersten Jahr nach dem Krieg war es für uns Zeit, in die Schule zu gehen, die in den Besatzungszonen zu unterschiedlichen Zeiten begann. Schließlich mussten die Schulen wieder in einen Zustand versetzt werden, der den Unterricht möglich machte. Die Einschulung war natürlich ein besonderes Erlebnis. Wir brauchten einen Schulranzen, Schiefertafel, Griffel und Läppchen –

bewundert wurden Schwämmchen –, und festlich angezogen wollten wir auch sein. Vor dem großen Ereignis wurde schon mal probiert, wie sich Griffelstriche auf der Tafel ausnehmen. Natürlich wurde uns selbst in dieser schweren Zeit der Eintritt in einen neuen Lebensabschnitt versüßt. Gern hätten wir alle eine Zuckertüte gehabt, aber für viele reichte es nur zu einem bunten Teller. Auch wenn sich die Mütter auf das Nötigste beschränken mussten, in den Genuss einer solchen Freude kamen wohl wir alle.

Brav saßen wir in den Schulbänken. Meist waren es ältere Fräuleins, die uns die ersten Buchstaben beibrachten, und so mancher von uns hat sie noch in guter Erinnerung. Wir saßen in alten Schulbänken, deren Sitze manchmal sogar hochgeklappt werden konnten. Auf dem leicht schrägen Pult waren Löcher für die Tintenfässer eingelassen. Doch die waren erst später für uns Buben interessant, wenn wir versuchten, die Zöpfe der vor uns sitzenden Mädchen hineinzutauchen. Den Griffel ersetzte erst später der Federhalter, die Tafel das Heft. Die Herausforderung, Kleckse zu vermeiden, war gar nicht so einfach zu meistern. In manchen Klassen trugen die Mädchen Schürzen und wie wir Jungen auch Ärmelschoner.

Oft mussten wir in der kalten Jahreszeit Kohlen oder Holzscheite mitbringen, damit es im Klassenraum wenigstens einigermaßen warm war. Manchmal mussten wir unsere Mäntel anbehalten. Selbst in Handschuhen ließ sich der Griffel halten.

Wer von uns im Dorf in die Schule kam, war mit Schülern verschiedener Klassen in einem Raum. In den alten Dorfschulen gab es nur zwei Klassenräume. In einem wurden die Schüler von der 1. bis zur 3. Klasse gemeinsam unterrichtet, in dem anderen die Schüler der 4. bis zur 8. Klasse. Trotz dieses Mehrstufenunterrichts lernten wir etwas. Und wenn am Abend Stromsperre war, dann machten wir die Hausaufgaben eben bei Kerzenlicht.

Wird es nun schwer werden?

Altgediente und Neulehrer

Wer sollte nach der Niederlage des Nationalsozialismus die junge Generation heranbilden und erziehen? Die vormaligen Methoden und Grundsätze hatten sich als brauchbar für die Heranbildung von Untertanen erwiesen, hatten den Gehorsam für Führer, Volk und Vaterland eingepflanzt. Die Lehrer, die in der faschistischen Zeit unterrichtet hatten, wurden erst einmal entlassen, sollte die deutsche Jugend doch nun in einem demokratischen Sinne erzogen werden. So forderte die Entnazifizierung ihre gerechten Opfer, aber trieb auch ihre Blüten. Wer hatte sich wirklich schuldig gemacht, wer war nur mitgelaufen und hatte versucht, seine humanistischen Grundsätze soweit es ging zu bewahren? Die Grenzen ließen sich oft nur schwer ausmachen. Als Schüler hatte man je nach Altersstufe seine eigenen Eindrücke von den Menschen, die nun in der Schule unterrichteten. Da konnte es schon einen drahtigen Lehrer geben, der mit seinen fellgefütterten Stiefeln beeindruckte. War er, wie man hörte, wirklich mal Fallschirmjäger gewesen? War der Lehrer, der einem eine Riesenwelle auf dem Hochreck vorführen konnte, wirklich einmal ein strammer Nazi gewesen, wie es hinter vorgehaltener Hand hieß? Von einem älteren Lehrer, der beliebt und gütig war, hieß es auch, er sei schon „damals“ in seinem Amt gewesen. Woran sollte man sich halten, wem sollte man glauben?

Eine Art von Lehrern war aber bei den Schülern sehr beliebt: Neulehrer hießen sie. Sie waren allgemein jünger, und neu war ihnen tatsächlich der Unterrichtsstoff. Doch sie konnten sich auf ihre Zöglinge einstellen, auch wenn sie nicht immer dem Lehrerbild entsprachen, das ältere Generationen gewöhnt waren. Man hat sie geliebt und verehrt, sie wussten ihre Schüler auf neue Gedanken zu führen. Sie gingen auf uns ein, in den Pausen konnten wir mit ihnen ganz ungezwungen sprechen. Und doch wussten wir wenig von ihnen.

Bei aller Differenziertheit der Einflussnehmenden: Es wurde gelernt, man hat sich entwickelt und im Nachhinein werden die meisten des Jahrgangs 1939 resümieren: Es war eine prägende Zeit und nicht die schlechteste.

Lernen im Klassenraum …

… und im Freien.

Erste Friedensweihnacht

Weihnachten 1945. Unsere Eltern, meist waren es nur die Mütter, sprachen immer wieder vom Fest des Friedens. Sie versuchten es so schön wie möglich zu machen. Dazu gehörte natürlich der Tannenbaum – wo keiner aufzutreiben war, reichte ein Tannenzweig. Baum oder Zweig wurden geschmückt, auch Kerzen fehlten nicht. Unsere Geschenke waren mehr als bescheiden, doch wir haben uns darüber sehr gefreut. Ein selbst gebasteltes Spielzeug aus Holz, ein Püppchen, das die Mutter gefertigt hatte – wir waren glücklich. Unsere Mütter versuchten, Abwechslung in das tägliche Essen zu bringen, auch Gebackenes sollte nicht fehlen. Dafür gab es Sonderzuteilungen für Haushaltungen mit Kindern: ein Päckchen Backpulver und 100 Gramm Trockenfrüchte. Die Glocken erklangen, wir besuchten den Gottesdienst und sangen Weihnachtslieder. Und wir saßen still beisammen, dachten an die Väter, Brüder und alle, die gefallen, in Gefangenschaft oder vermisst waren. So lagen auch bei uns in dieser ersten Friedensweihnacht Freude und Sorge eng beieinander.

Ein Jahrgang mit großen Klassenstärken.

Aus Alt mach Neu

Nicht nur für unsere Bekleidung dienten einst für militärische Zwecke produzierte Sachen wie Uniformen. Viele von uns können sich noch gut an die Milchkannen erinnern, mit denen wir ein oder zwei Liter Magermilch holten, manchmal sogar halb Mager-, halb Vollmilch. Die Kannen waren mit langen senkrechten, streifenartigen Hervorhebungen versehen. Eigentlich waren sie für Kriegszwecke gedacht, denn es waren umgearbeitete Gasmaskenbehälter. Und auch Kochtöpfe in unseren Küchen hatten manchmal eine besondere Form. Es waren umgearbeitete Stahlhelme. Durchlöchert ließen sie sich aber gut als Siebe verwenden. Wir wussten das, doch keiner von uns dachte noch an den eigentlichen Zweck ihrer Herstellung. Viele unserer Mütter arbeiteten in kleinen Betrieben, die sich rasch bildeten und die sich auf die Umarbeitung verschiedenen Kriegsmaterials spezialisiert hatten. Dadurch verdienten sie eben den Unterhalt für uns. Und so mancher dieser kleinen Betriebe legte damals seinen Grundstein für ein späteres Wachsen zu einer richtigen Firma.

Die „Kindermode" der ersten Nachkriegsjahre

Militärstoffe waren für unsere Bekleidung wunderbar geeignet. Alte Uniformstücke arbeiteten unsere Mütter um. Auch Fallschirmseide und Fahnenstoffe wurden für unsere Kleidung gern verwertet. Uns machte es überhaupt nichts aus, wenn trotz des Umfärbens da und dort eine dunklere oder helle Stelle einstige Hoheitszeichen vermuten ließ. Unsere Mütter waren einfallsreich und fleißig bei der Näharbeit. Wer von ihnen schneidern konnte, war gefragt. So trugen wir Stoffe, die einst kriegerischen Zwecken zugedacht waren. Manche von uns hatten Mäntel und Hosen, die aus Decken geschneidert worden waren. Was machte es schon, wenn sie durch die Nässe etwas schwerer wurden, warm waren sie allemal.

Auch die Stricknadeln klapperten in den Stuben. Wolle gab es zwar nicht, doch konnte man alte Stricksachen aufräufeln. So mancher erinnert sich, wie er der Mutter oder Oma hilfreich zur Seite ging und die Wolle zum Knäuel aufzuwickeln hatte. Alte Strickmuster fanden ihre Auferstehung und wurden ausgetauscht. Es entstand eine Mode für uns Kinder, die wohl zu keiner Zeit so den Verhältnissen geschuldet war. Am stolzesten und von vielen beneidet waren wohl Jungen, die noch eine Lederhose ihr eigen nennen konnten.

Im Sommer gingen wir natürlich barfuß, klar. Ein Tritt auf die heißen Schienen der Straßenbahn in der Stadt, Steinchen unter den Fußsohlen oder das Laufen über ein Stoppelfeld konnten uns nichts anhaben. Wir waren abgehärtet.

Füße waschen gehörte zu unseren täglichen unliebsamen Aufgaben. Holzpantoffeln waren schon eine Besonderheit. In der kälteren Jahreszeit war jeder von uns glücklich, der richtige Schuhe vorzeigen konnte.

Ach ja, die Strümpfe. Auch wir Knaben trugen die langen Strümpfe zu kurzen Hosen. Befestigt wurden sie an einem Leibchen. Die Erinnerung an dieses Kleidungsstück trägt wohl noch jeder von uns in sich. Doch wir waren einfallsreich. Heruntergerollt und über den etwas höheren Schaft der Schuhe gelegt, machten die langen Strümpfe gar keinen so schlechten Eindruck.

Hahnenkamm, Zöpfe und Kurzhaarschnitt

Ordentlich sollten wir aussehen. Die Haarmode war einfach und praktisch: Mädchen trugen Zöpfe, Jungen einen Kurzhaarschnitt, der hatte sich in der Vergangenheit bewährt. Die Zöpfe legten sich die Mädchen in Kränzen um den Kopf. Auch das erinnerte an die „Friedenszeit". Sehr modisch war der Hahnenkamm, bei dem die Haare über einen halbrunden Kamm zu einer Rolle geformt und auf dem Kopf festgesteckt wurden. Ganz schick war es, zwei Hahnenkämme gegeneinander gesteckt zu tragen. Längere Haare kamen für Jungen nicht infrage. Die Schermaschine des Friseurs trat in Kraft. Halblang war erwünscht, Fasson war etwas für die Älteren und Erwachsenen. Meist trugen wir unsere Haare mit Scheitel, der von den Müttern unter Zuhilfenahme von Wasser präzise gezogen wurde. Widerspenstige Wirbel wurden mit Pomade gebändigt.

Schick mit Hahnenkamm und Zöpfen.

Na, was sagt ihr jetzt?

Seife, manchmal sogar die ganz ordinäre Kernseife, war unserer Kopfwäsche zugedacht. Reinlichkeit auf dem Kopf war unabdingbar. Unter den damaligen Verhältnissen konnten sich schnell Läuse ausbreiten. Und nicht nur das Kopfjucken war äußerst unangenehm, es war uns auch peinlich, bei der Kontrolle in der Schulklasse mit diesen kleinen Tierchen entdeckt zu werden. Und von unliebsamen Besuchen aus dem Gesundheitsamt konnten wir in der Schule immer überrascht werden.

Erlebnisse in neuer Zeit

Seilspringen, „Himmel und Hölle“, Murmeln und vieles mehr

Am schönsten war es doch, wenn wir Spielgefährten hatten. Die Mädchen vergnügten sich zum Beispiel beim Seilspringen. Zu zweit war das nur möglich, wenn man mit einem Seil sprang und dann die nächste dran war. Ab drei Mädchen konnten sie zu zweit das Seil schwingen, während die Dritte springen musste.

Bei „Himmel und Hölle“ war nicht nur der Stein genau in eines der aufgezeichneten Kästchen zu werfen, sondern auch noch genau in ein solches auf einem Bein zu springen. Wer ganz oben in der Hölle ankam, der hatte gesiegt.

„Eins, zwei, drei, vier, Eckstein, alles muss versteckt sein ...“ – wer von uns kennt nicht diesen Ruf. Der oder die Suchende stellte sich an Wand oder

Chronik

13./14. Februar 1945
Zerstörung Dresdens durch britische und amerikanische Bombardements.

11. April 1945
Amerikanische Einheiten befreien das KZ Buchenwald.

30. April 1945
Adolf Hitler begeht mit Eva Braun im Bunker der Reichskanzlei Selbstmord.

1. Juli 1945
Bildung der drei Berliner Westsektoren.

2. September 1945
Kapitulation Japans, Ende der Kampfhandlungen.

20. November 1945
Beginn der Nürnberger Prozesse gegen 24 Hauptkriegsverbrecher.

1. Mai 1946
Erstmals seit 1933 finden wieder Maikundgebungen der Gewerkschaften statt.

22. Juli 1946
Die ersten deutschen Soldaten kehren aus sowjetischer Kriegsgefangenschaft zurück.

15. Oktober 1946
Uraufführung des ersten deutschen Nachkriegsfilms „Die Mörder sind unter uns" von Wolfgang Staudte.

29. Mai 1947
Aufhebung des Heiratsverbots zwischen Deutschen und US-amerikanischen Besatzungssoldaten.

30. Januar – 8. Februar 1948
Olympische Winterspiele in St. Moritz ohne Deutschland und Japan.

14. Mai 1948
Proklamation der Unabhängigkeit des Staates Israel.

26. Juni 1948
Beginn der britisch-amerikanischen Luftbrücke zur Versorgung West-Berlins.

9. Dezember 1948
Die Vollversammlung der Vereinten Nationen verabschiedet die Deklaration der Menschenrechte.

Schummelt da auch keiner?

Baum, sollte nicht sehen, wohin die anderen von uns sich schnell verkrümelten. Manchmal wurde schon ein bisschen geschummelt. Beliebt war auch das Murmeln. Überall konnten wir mit den kleinen Dingern spielen. Eine kleine Vertiefung im Boden und tönerne Murmeln reichten aus, um stundenlang unsere Treffsicherheit und Geschicklichkeit zu beweisen.

Wer mit Daumen oder Finger die letzte Kugel in die Vertiefung gebracht hatte, der konnte manchmal einen gehörigen Schatz der kleinen Dinger sein Eigen nennen. Beneidet haben wir diejenigen, die bunte Glaskugeln besaßen.

Wir Jungen bolzten natürlich, wo sich die Gelegenheit dazu bot. Platz zum Fußballspiel fanden wir überall. Auf den Straßen war ja kaum Verkehr, und durch die Zerstörungen gab es genug freie Plätze. Die Mädchen waren mehr für

Völkerball, bei dem man die gegnerische Mannschaft durch gezielte Treffer abwerfen konnte. Doch auch jede Hauswand eignete sich dazu, geschickt einen Ball zu werfen. Der Hula-Hoop-Reifen kam auf und brachte uns so richtig in Bewegung. Wir waren einfach fit und jeder Herausforderung gewachsen.

Ein Rosinenbomber.

Durch und über Zonengrenzen

Deutschland war geteilt und wurde durch die Besatzungsmächte verwaltet. Die Zonengrenzen wurden zwar bewacht, aber ein Durchkommen war längere Zeit durchaus noch möglich. Man durfte sich nur nicht erwischen lassen. In Berlin war es am einfachsten, von einem Sektor in den anderen zu kommen. Zwar gab es auf jeder Seite Schilder, die auf das Betreten oder Verlassen der jeweiligen Zone aufmerksam machten, und Posten, die kontrollierten jedoch nicht jeden, der die Zonen wechselte. Aber an den Zonengrenzen im ganzen Lande lauerten Gefahren. Die Einheimischen in den Grenzregionen kannten jeden Weg und Steg. Wollte man Verwandte besuchen, musste Lebensnotwendiges geholt oder mussten Personen hinüber- oder herübergeschafft werden, so waren oft auch wir Jungen und Mädchen dabei. Für uns war das spannend und geheimnisvoll.

Aufpassen, jetzt kommt der Hüftschwung.

Nach dem Verbot des Transits durch die sowjetische Besatzungszone dröhnten wieder Militärmaschinen über Dörfern und Städten der westlichen Besatzungszonen, und wir blickten zum Himmel. Angst brauchten wir nicht mehr zu haben, denn wir wussten: Sie sicherten die Versorgung Westberlins und brachten Hilfssendungen und Carepakete. So hatten wir auch ein neues Spiel entdeckt: Luftbrücke. Über eine aus Steinen oder Ziegeln errichtete Grenze ließen wir Papierflugzeuge fliegen.

Rückkehr zu Olympia

1936 fanden die Olympischen Spiele in der deutschen Hauptstadt Berlin statt.

Die Nazis hatten versucht, der Weltöffentlichkeit eine akzeptable Situation in Deutschland darzustellen. Trotz der auch danach anhaltenden Kritik, dass die Spiele unter der faschistischen Ägide stattfanden, blieben die sportlichen Leistungen dieser Spiele immer in Erinnerung. Der Zweite Weltkrieg machte jede Verwirklichung einer olympischen Idee zunichte. Wie würde es also nach dem Kriegsende damit weitergehen? Den Willen nach einer dauerhaft friedlichen Entwicklung bekundeten viele Staaten und Politiker. Bereits damals war offensichtlich, dass auch politische Entwicklungen Einfluss auf dieses größte sportliche Ereignis haben würden.

Im Januar 1948 wurden die ersten Olympischen Spiele, die V. Winterspiele, in St. Moritz eröffnet. Deutschland und Japan durften, als die Schuldigen an dem Krieg, nicht teilnehmen. Die Sowjetunion verzichtete freiwillig auf die Teilnahme, für sie war das angesichts der Kriegsschäden eine überflüssige Veranstaltung. Im Juli 1948 folgten die XIV. Olympischen Sommerspiele in London unter den gleichen Prämissen. In Helsinki wurden dann 1952 die XV. Sommerspiele ausgetragen. Erstmals waren wieder Deutschland, Japan und die Sowjetunion bei den Olympischen Spielen vertreten.

Olympiasiegerin Barbara Ann Scott, 1948.

Heimkehr der Gefangenen

Mit der Kapitulation Deutschlands 1945 war zwar der Zweite Weltkrieg beendet, doch als die Waffen schweigen, befinden sich noch über zehn Millionen deutsche Soldaten in den Kriegsgefangenenlagern der Alliierten. Die meisten werden ein Jahr später wieder frei sein. Die letzten Kriegsgefangenen kehren jedoch erst im Januar 1956 aus der UdSSR zurück. Die Aufnahme diplomatischer Beziehungen war für die Sowjetunion eine der Bedingungen für die Freilassung der deutschen Kriegsgefangenen.

Als Adenauer aus Moskau zurückkehrte, stimmte der Bundestag der Aufnahme diplomatischer Beziehungen zu den Sowjets zu. Die Entlassung der Kriegsgefangenen und aller Deutschen, die nach Russland verschleppt worden waren, begann am 7. Oktober 1955 und war nach drei Monaten beendet.

Jene Männer, die in Friedland und Herleshausen aus dem Zug stiegen, wurden von einer Welle der Emotionen empfangen. Mütter schlossen ihre Söhne in die Arme, Ehefrauen ihre Männer – nach mehr als zehn Jahren der Trennung. Kinder standen sprachlos vor ihren Vätern, an die sie sich kaum noch erinnern konnten. Der Choral „Nun danket alle Gott", angestimmt von Tausenden, kam aus tiefster Seele. Zugleich mussten mit der Heimkehr dieser nun wirklich letzten Kriegsgefangenen in sowjetischer Hand die Hoffnungen von mehr als einer Millionen Familien aufgegeben werden.

Kenn' ich jemanden?

Wer ist dieser fremde Mann?

Viele von uns hatten keinen Vater mehr und die Mutter musste allein für alles einstehen. Wo der Vater in Gefangenschaft oder vermisst war, blieb die Hoffnung auf eine baldige Heimkehr. So begleiteten wir unsere Mutter auch mal zu einer Kartenlegerin oder Wahrsagerin. Still saßen wir in einer Ecke und erhofften uns fast ein Wunder. Ging unsere Mutter frohen Mutes nach Hause, dann waren wir gespannt, was sich ereignen würde. Immer wieder hörten wir, dass sich die Voraussagen als richtig erwiesen hatten.

Wie groß war die Freude, als sich herausstellte, dass auch bei uns die Vorhersage eintraf und der Vater wirklich vor der Türe stand. Blass, hager, unrasiert, mit einem alten Koffer oder auch nur einem kleinen Bündel sah er uns erwartungsvoll an. Er war nach der langen Zeit der Trennung für uns fast ein Fremder geworden. Und so mussten wir uns langsam wieder aneinander gewöhnen. Stundenlang konnten wir ihm zuhören, wenn er von seinen Erlebnissen erzählte. Aber wir konnten ihm auch zeigen, was sich inzwischen so alles verändert hatte, und ihm ein wenig helfen, sich unter den neuen Bedingungen zurechtzufinden.

Nur ein Freundschaftskampf.

Von Petzen und Muttersöhnchen

Natürlich gab es unter uns Jugen damals Auseinandersetzungen. Doch mit wirklicher brutaler Gewalt hatte das meist wenig zu tun. Da gab es in jeder Klasse Schüler, die sich stärker fühlten und das auch immer wieder mal unter Beweis stellten, die ihre „Freunde“ hatten und so manchen von uns einen Umweg um sie machen ließen. Üblich waren aber Rangeleien auf dem Schulhof oder auf dem Heimweg nach der Schule. Da wurden schon mal die Ranzen oder Schultaschen als Schlaginstrumente verwendet. Meist reichte aber die körperliche Kraft. Bei solchen Auseinandersetzungen bildete sich immer ein Kreis von Zuschauern.

Etwas schlimmer war es schon, wenn es Klassenkeile gab, wenn viele auf einen Einzelnen einschlugen. Dafür gab es aber stets einen besonderen Anlass. Petzen war verpönt, auch Muttersöhnchen hatten es nicht immer leicht, sie brauchten schon mal einen etwas stärkeren Freund. Wurden solche Auseinandersetzungen öffentlich ausgetragen, dann schritten Eltern und Lehrer ein. Vor allem die Lehrer waren Respektspersonen und beendeten schnell den Kampf. Wer von uns hat es schon gewagt, sie zu ignorieren?

Hilfe in größter Not

Die Not in Deutschland in den ersten Jahren nach dem Krieg ist groß und spricht sich in der Welt herum. Glücklich konnten sich diejenigen schätzen, die Verwandte im Ausland hatten und von ihnen eine erste direkte Hilfe erhielten. Viele erinnerten sich an den Onkel oder die Tante jenseits des Atlantik und baten um Lebensmittel und Bekleidung. So wurden durch Pakete von Privatpersonen oder über kirchliche Organisationen wie die katholische Caritas, das evangelische Hilfswerk oder die amerikanischen Quäker erste umfangreichere Hilfsleistungen für Deutschland möglich. 1946 gründen 22 amerikanische Wohlfahrtsverbände die „Cooperative for Armerican Remittances to Europe", die unter der Abkürzung CARE sehr schnell bekannt wird und erfolgreich wirkt.

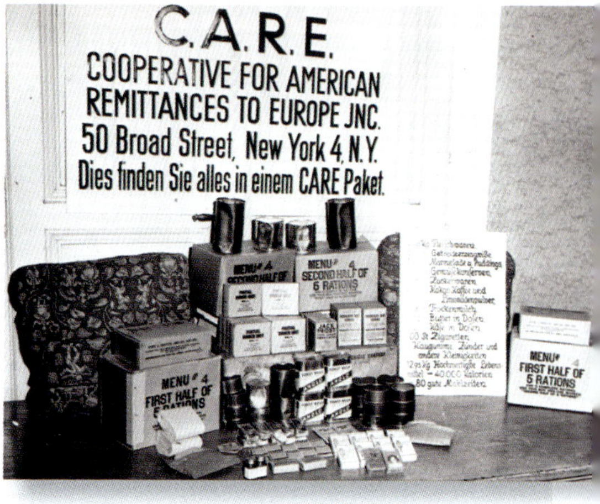

Das Konzept erweist sich als außerordentlich praktikabel, da sich viele Hilfswillige in diese große Spendenaktion einreihten und direkt und nicht anonym die Not ein wenig lindern helfen konnten. Die Carepakete waren in Deutschland heiß begehrt, enthielten sie doch Lebensmittel und später auch Textilien und Schuhe. Unvergessen sind die Schokolade und das Corned Beef. Die Ankunft eines solchen Pakets war für die Empfänger ein richtiger Festtag. Fast 10 Millionen Pakete erreichten ihre Adressaten.

Unverzichtbar: Mit dem Handwagen unterwegs

Ein Transportmittel hatte damals Hochkonjunktur: der Handwagen. Jeder von uns hat ihn einmal gezogen, geschoben oder ziehen müssen. Es war, je größer wir wurden, nicht sehr angenehm, mit ihm klappernd über das holprige Kopfsteinpflaster durch die Gegend zu ziehen. Für uns Kinder auf dem Dorf war dieses Gefährt selbstverständlich, aber wer von uns in der Stadt lebte, der genierte sich schon etwas, auf diese Weise lärmend auf sich aufmerksam zu machen. Und doch war er unverzichtbar für die Beschaffung von Lebensnotwendigem.

Was hat er in der Zeit der Not nicht alles transportieren müssen! Lebensmittel, Brennmaterial, alle möglichen Sachen vom einfachen Abholen solcher oder zum Wegschaffen bis zum Umzug in ein neues Domizil. Er wurde ausgeborgt, hielt viel aus, und wie viele Kilometer wurden mit ihm zurückgelegt. Aber er eignete sich auch wunderbar zum Spielen. Die Deichsel zwischen die Beine geklemmt, um

Hoffentlich geht´s bald bergab.

damit dem Wagen die richtige Richtung zu geben, konnten wir uns von den Spielgefährten schieben lassen. Und richtig kamen wir erst in Schwung, wenn die Straße oder der Weg abwärts führte. So mancher von uns erinnert sich an einen schmerzhaften Sturz.

Wir waren selbstständig und häuslich

Die meisten unserer Eltern arbeiteten oder waren auf der Suche danach. Wo die Väter im Krieg geblieben waren oder noch nicht nach Hause zurückkehren konnten, war das für unsere Mütter selbstverständlich. So blieben wir, mit guten Ermahnungen versehen, uns oft überlassen, was uns aber sehr entgegenkam. Unseren Haus- oder Wohnungsschlüssel trugen wir an einem Band um den Hals. So waren wir eben die „Schlüsselkinder". Manche von denen, die pünktlich zu Hause sein mussten, die meist unter Aufsicht standen, beneideten uns. Aber auch wenn wir viel uns selbst überlassen waren – unsere häuslichen Pflichten hatten wir durchaus.

Wir machten uns das Essen warm, sorgten für Ordnung und putzten natürlich die Schuhe für die ganze Familie. Oft hatten wir Aufträge zu erledigen oder älteren Menschen zu helfen. Und wir gingen einkaufen. Natürlich nicht in einem Supermarkt, sondern im Tante-Emma-Laden, der sich in einem Ruinengelände etabliert hatte. Da gab es entsprechend den Möglichkeiten vieles, von der Schuhcreme bis zur sauren Gurke. Höflich grüßend betraten wir den Laden, drängelten uns nicht vor, sondern warteten, bis wir gefragt wurden. Bedient wurden wir freundlich und manchmal erhielten wir sogar eine kleine Kostprobe oder Zugabe. Vor allem Süßigkeiten hatten es uns angetan.

Wir hatten auch Schlüsselgewalt.

Wenigstens eine warme Mahlzeit

Täglich ein warmes Mittagessen war in dieser Zeit für viele von uns ein besonderes Geschenk. Möglich wurde das durch die Schulspeisung. Das Essen wurde in der Küche in der Schule zubereitet oder in Kübeln angeliefert. Die älteren Schüler halfen bei der Essenausgabe und schafften die Kübel auch mal in die Klassenräume, oder wir stellten uns in der großen Pause oder nach den Schulstunden in die Reihe unserer Mitschüler und warteten auf unsere Portion. Wenn es nicht möglich war, in der Schule zu essen, dann konnten wir das Essen mit nach Hause nehmen.

Manche von uns hatten ein altes Kochgeschirr mitgebracht, andere ein Essgeschirr, ein kleines Töpfchen oder auch mal eine Milchkanne. Natürlich schmeckte es nicht wie bei der Mutter, doch machte es uns satt. Viele von uns erinnern sich an das Klappern mit dem Besteck an den Essgeschirren beim Warten auf das Austeilen des Essens, was uns immer wieder Ermahnungen aufsichtführender Lehrer einbrachte.

Jede Abwechslung ist willkommen.

Der Zirkus kommt!

Die Plakate hingen schon Tage vorher in der Stadt. Tiger, Elefanten, Seiltänzerinnen, Trapezartisten und Clowns leuchteten uns von den Plakaten entgegen. Und dann waren sie in unserem Ort. Kam der Zirkus mit der Bahn, dann wurden Tiere durch die Stadt geführt. Wir waren natürlich dabei, begleiteten sie bis auf den Festplatz. Kamen die Wagen von Lastautos mit Holzvergaser gezogen, dann sprach sich schnell herum, aus welcher Richtung. Bereits bei der Einzäunung und beim Zeltaufbau ließ sich vieles beobachten. Wir vergaßen einfach die Zeit dabei. Es war absolut klar, die Vorstellung dürfen wir uns nicht entgehen lassen. Wegen des Eintrittsgeldes mussten viele von uns die Eltern erst lange überreden. Was war das für eine bunte Welt.

Selbst die Kontrolleure in ihren farbigen Anzügen am Eingang betrachteten wir mit Neugier und Respekt. Die Vorstellungen waren unter uns Gesprächsthema Nummer1. Der Besuch der Tierschau vor der Vorstellung war noch eine Draufgabe für den Genuss. Manchmal führten die Tierdresseure sogar kleine Attraktionen oder ein kleines Kunststück vor. Manche von uns hielten sich, solange der Zirkus gastierte, immer wieder in seiner Nähe auf. Vielleicht konnte man doch etwas erspähen, das den anderen verborgen war. Als der Zirkus abgereist war, blieb der leere Platz für uns noch lange ein besonderer Anziehungspunkt.

Luftschaukel und Losbuden

War schon der Zirkus ein besonderer Anziehungspunkt, dann war es der Rummel nicht weniger. Den Aufbau der Fahrgeschäfte verfolgten wir natürlich, sobald es nach der Schule ging. So mancher von uns konnte sich durchaus vorstellen, in einem Wohnwagen sein Leben als Reisender zu verbringen. Solange der Rummel da war, hielten wir uns nach Möglichkeit fast jeden Tag dort auf, auch wenn die Schularbeiten in dieser Zeit manchmal etwas zu kurz kamen. Was gab es Schöneres, als im Kettenkarussell durch die Luft zu fliegen und dem Nebenmann einen extra Schwung zu geben? Eine Kugel Eis war für viele von uns ein besonderer Genuss. Die Gewinne an den Losbuden lockten, die Musik animierte uns zu einer neuen Runde.

Auch wenn wir nicht viel Geld hatten, um alle unsere Wünsche zu befriedigen, es war schon viel, wenn wir nur wenige Fahrten machen konnten. Stellten wir uns unter die

Da waren wir auf den Beinen.

Luftschaukel, so konnten wir manchmal das Kleingeld auflesen, dass den Schaukelnden aus der Tasche gefallen war. Dafür war eine neue Runde fällig. Wir trafen uns mit Freunden, borgten uns auch mal ein paar Groschen, aber wir waren glücklich, dabei zu sein und die besondere Atmosphäre zu erleben.

Im Sommer waren wir am liebsten im und am Wasser.

Mit Freunden jederzeit bereit.

Unsere vier Jahreszeiten

Im Sommer ging es natürlich ins Schwimmbad oder an einen See. Egal, ob Badehose oder Badeanzug den letzten Chic hatten, wichtig war zu schwimmen, zu springen, den anderen zu zeigen, was man konnte. Schwimmen hatten wir bei unseren Vätern gelernt oder bei einem Schwimmmeister. Der nahm uns auch mal an die Angel, verfolgte am Beckenrand oder am Steg unsere Züge mit manchmal kräftigen Bemerkungen. Nicht umsonst spricht man davon, dass einer ins kalte Wasser geworfen wird. Bald konnten wir uns freischwimmen, und dann war uns kein Wasser zu tief. Auf der Liegewiese warfen wir zwar mal einen Blick auf das andere Geschlecht, aber vor allem tollten wir mit unseren Freunden herum.

Ja, es gab richtige Winter, die Schneegrenze lag damals nicht ständig 500 Meter über dem Meeresspiegel. Wenn die Minusgrade die Seen und Flüsse zufrieren ließen, schnallten wir uns die Kufen unter. Auf sehr festgefahrenem Schnee ließen sich Schlittschuhe gebrauchen. Die wurden mit einem Schlüssel

Spur frei zum Langlauf.

an den Schuhen festgeschraubt, was den Sohlen durchaus nicht zuträglich war. Die Bindungen an den Skiern waren einfach mit einem Federzug über den Absatz des Schuhs zu spannen.

Der Schlitten durfte natürlich nicht fehlen. Manchmal hatten seine Kufen über den Sommer Rost angesetzt, doch nach einigen Abfahrten war das kein Problem mehr. Schneeballschlachten waren auf dem Schulweg unser Vergnügen, und wenn wir jemanden so richtig einseifen konnten, war der Spaß perfekt. Wer von uns mal in einem Dorfteich eingebrochen ist, weiß noch, wie wohl es tat, die durchnässten eiskalten Sachen auszuziehen und am Ofen zu trocknen.

Währungsreform.

Neues Geld und volle Geschäfte

Unser Taschengeld war spärlich und wir gingen sehr sorgsam damit um. Wer von uns freute sich nicht über einige Pfennige, die er von irgendjemandem für eine Hilfeleistung erhalten hatte? Gern verrichteten wir kleine Aufträge, nichts war uns zu viel. Unsere Wünsche waren klein. Doch plötzlich sollte dieses Geld, das wir so schätzten, nicht mehr gelten? Die Erwachsenen sprachen von einer Währungsreform und dass es weiter aufwärts gehen sollte.

Uns interessierten erst mal die neuen Münzen und Geldscheine. Davon sollte nun so viel abhängen? Für uns wurde das Taschengeld knapper, aber dafür erhielten wir beim Kauf mehr. Die Geschäfte waren plötzlich voller, es war wie in dem Märchen vom Schlaraffenland. Wir blickten ungläubig und auch sehnsüchtig in die Schaufenster, nun gab es Sachen, die wir bisher noch gar nicht kennengelernt hatten. Aber all die schönen Dinge konnten viele Eltern sich für uns trotzdem nicht leisten.

Rund ist der Ball überall

Keiner von uns Jungen in diesem Alter konnte einer Blechbüchse, einem Stein, einer Kohle, die auf dem Weg lagen, widerstehen: Einer musste einfach dagegentreten. Und was konnte unser Jungenherz mehr bewegen als ein richtiger Ball? Wir beneideten den, der einen solchen, vielleicht sogar einen richtigen aus Leder, sein Eigen nennen konnte. Sobald sich jemand damit auf der Straße zeigte, wurde er umringt von Gleichgesinnten. Wir brauchten nicht unbedingt einen Rasenplatz, wir achteten nicht so sehr die Regeln, Fußball konnten wir überall spielen. Gefährlich war es auf den Straßen nicht, es gab ja kaum Verkehr. Um ein Tor zu markieren reichten einige Steine, auch Kleidungsstücke konnten dazu dienen. Wer von uns hatte schon Fußballschuhe? Sie kamen selbst in unseren kühnsten Träumen nicht vor. Unsere Eltern aber waren keineswegs begeistert, wenn die Straßenschuhe für solche Freizeitaktivitäten genutzt wurden.

Bei jeder dieser Straßenmannschaften gab es natürlich einen Anführer, der bestimmte, wer mit wem spielte. Und manchmal konnten auch Rivalitäten dabei ausgetragen werden, die mit dem Spiel selbst nichts zu tun hatten. So manches Foul wurde da ganz absichtlich ausgeführt. Wer von uns hat sich nicht geärgert, wenn er nicht erwählt wurde, wenn er nicht mit seinem Freund zusammen spielen konnte, oder wenn er bei einem Fehlschuss beschimpft wurde? Doch das alles minderte nicht die Begeisterung, mit der wir dem Fußball nachjagten und ihn gezielt ins gegnerische Tor platzieren wollten.

Auf dem Feld tätig

Das Auflesen ist auch anstrengend.

Wohl jeder von uns war damals auch mal auf dem Feld gefordert, egal, ob er auf dem Dorf oder in der Stadt lebte. Für die Dorfkinder von uns war es ganz selbstverständlich, mit aufs Feld zu gehen oder zu fahren. Doch auch die Stadtkinder waren bei den Bauern höchst willkommen. Vor allem bei der Kartoffelernte war jede

Hand nötig, und die Kartoffeln in die Körbe sammeln, konnten selbst die Jüngeren. Manchmal wurden die Kartoffeln mit der Hacke aus dem Boden befördert, meist war es eine einfache Rodemaschine, die von einem Pferd gezogen wurde. Anfangs erschien es ja ganz leicht, die Knollen aufzulesen, die Körbe zu füllen und auf die nächste Runde des schleudernden Rades zu warten. Doch mit der Zeit war das keinesfalls mehr lustig. Der Rücken begann zu schmerzen, und auf den Knien die Furchen entlangzurobben, brachte dauerhaft keine Erleichterung.

Am schönsten waren wohl die Vesperpausen. Ein gut geschmiertes Bauernbrot entschädigte einfach für alle Mühe. Und erst die Feuer, an denen wir die Kartoffeln rösteten. Die Schalen wurden schwarz und platzten. Das goldgelbe Innere schmeckte ganz herrlich. Der Duft, den der Rauch des Kartoffelfeuers über das Feld verbreitete, stieg angenehm in die Nase.

Zwei deutsche Staaten

Nach der Kapitulation wurde Deutschland in vier Besatzungszonen aufgeteilt, ebenso die ehemalige Reichshauptstadt Berlin. Auf der Londoner Sechsmächtekonferenz im Frühjahr 1948 einigen sich die Westmächte und die Benelux- Länder auf die Schaffung eines westdeutschen Staates. Die Beschlüsse dieser Konferenz werden als „Frankfurter Dokumente" am 1. Juli 1948 den Ministerpräsidenten der westdeutschen Länder übergeben. Die Ministerpräsidenten werden darin aufgefordert, eine verfassunggebende Versammlung einzuberufen und eine Neugliederung der Länder vorzunehmen sowie zum angekündigten Besatzungsstatut Stellung zu nehmen. Erst nach langen, kontroversen Diskussionen folgen die Ministerpräsidenten schließlich den Aufforderungen der Besatzungsmächte nach Schaffung eines westdeutschen Teilstaates.

Im Dezember 1947 entsteht in der Sowjetischen Besatzungszone die „Volkskongressbewegung für Einheit und gerechten Frieden" unter Führung der SED. Aus ihr geht im März 1948 der 1. Deutsche Volksrat hervor, dessen Teilnehmer teilweise aus den Westzonen kommen. Der Volksrat veranlasst ein Volksbegehren zur deutschen Einheit und setzt einen Verfassungsausschuss ein. Dessen Entwurf für eine „Verfassung der Deutschen Demokratischen Republik" wird am 19. März 1949 vom Volksrat formell beschlossen. Infolge des Kalten Krieges entstehen 1949 zwei Staaten in Deutschland. Die Bundesrepublik Deutschland gehört zur westlichen Staatengemeinschaft. Die Deutsche Demokratische Republik ist Bestandteil des Ostblocks. 1955 treten beide deutsche Staaten dem jeweiligen Militärbündnis – der NATO und dem Warschauer Pakt – bei. Noch im gleichen Jahr erlangen sie die formale Souveränität. Die Spaltung Deutschlands wird erst im Jahr 1989 mit dem Fall der Mauer beendet.

Der Selbstständigkeit entgegen

Geteilte Heimat

Was wussten wir in diesen Jahren von der politischen Entwicklung? 1949 wurden zwei deutsche Staaten gegründet. Unsere Eltern haben oft darüber diskutiert, wie es so weit kommen konnte und gaben vor allem den Siegermächten die Schuld daran. Welche Auswirkungen das haben und wie lange dieser Zustand Bestand haben sollte, war uns nicht bewusst.

Plötzlich lebten unsere Verwandten in einem anderen Staat. Die Grenzen waren zwar noch nicht so befestigt wie nach 1963. Doch es gab sie, und so manche Freizügigkeit war eingeschränkt. Wir setzten einen Gruß unter die Briefe der Eltern an unsere Verwandten oder schrieben selbst ein paar Zeilen. Zu den Fest- und Feiertagen gingen Pakete hin und her. Auf Besuche mussten wir mit der Zeit aber mehr und mehr verzichten. Immer wieder hieß es,

Chronik

11. Januar 1949
Erste Aufführung des „Berliner Ensembles", das Bertolt Brecht zusammen mit seiner Frau Helene Weigel aufgebaut hat, am Deutschen Theater in Ost-Berlin.

4. April 1949
Gründung der NATO.

23. Mai 1949
Das Grundgesetz der Bundesrepublik Deutschland wird feierlich verkündet.

7. August 1949
Erste internationale Veranstaltung: Großer Preis vom Nürburgring.

15. September 1949
Konrad Adenauer wird zum ersten Bundeskanzler gewählt.

7. Oktober 1949
Gründung der Deutschen Demokratischen Republik (DDR).

12. März 1950
Der Schriftsteller Heinrich Mann stirbt in Santa Monica bei Los Angeles/USA.

17. Juni 1950
Rowohlt bringt als erster deutscher Verlag Taschenbücher heraus.

19. Juli 1950
Gründung des Zentralrates der Juden in Deutschland.

18. Januar 1951
Uraufführung des umstrittenen Films „Die Sünderin" mit Hildegard Knef.

19. April 1951
Eröffnung der ersten Internationalen Automobilausstellung (IAA) in Frankfurt/Main.

19. Oktober 1951
Die USA beenden offiziell den Kriegszustand mit Deutschland.

24. Juni 1952
Erste Ausgabe der „BILD-Zeitung" des Springer-Verlages.

10. Dezember 1952
Albert Schweitzer erhält den Friedensnobelpreis.

26. Dezember 1952
Ausstrahlung der ersten „Tagesschau" im Fernsehen.

Deutschland werde wiedervereinigt. Auch unsere Eltern wünschten das und hofften darauf. Wann wir aber wieder in einem einigen Deutschland leben würden, konnten sie uns nicht sagen. So lebten wir also in einer geteilten Heimat, und für so manchen von uns wurde das so langsam zu einer ganz normalen Realität.

Es gab immer etwas Interessantes zu entdecken.

Endlich mal weg von zu Hause

Natürlich waren wir auch mit unseren Mitschülern unterwegs. Unsere Klassen fuhren ins Schullandheim, wo wir in Gemeinschaft mal ganz weg von zu Hause waren. Besonders für uns Stadtkinder war der Aufenthalt in ländlicher Umgebung ein echtes Erlebnis. So manche von uns hatten zwar schon am zweiten Tag Heimweh, doch das wurde tapfer unterdrückt. Es war ja auch ganz prima, was wir sahen und unternahmen. Nach der Ankunft ging es erst einmal darum, wie die Schlafräume aufgeteilt wurden, wer also mit wem ein Zimmer bezog. Dann packten wir unsere Sachen aus und konnten uns auf das Leben im Schullandheim konzentrieren. Was würden wir machen, was erleben? Wir waren zwar immer bei der Sache, aber wir versuchten auch, die Freiräume, die wir hatten, richtig auszunutzen.

Was kümmerte uns die Nachtruhe? Es gab so viel zu erzählen. Aus den Mädchenzimmern war noch lange Kichern zu hören. So mancher von uns musste öfter auf die Toilette, als es nötig war. Auch wenn nicht alles erlaubt war, wir hatten unseren Spaß. Denken wir nur an die Wasserschlachten in den Waschräumen oder die Kissenschlachten in den Schlafräumen!

Wir waren froh, einmal die harten Schulbänke hinter uns zu lassen. Schon die Bahnfahrt war eine Abwechslung, natürlich dritter Klasse auf Holzbänken mit Netzen für das Gepäck darüber. Auf der Fahrt wurde Karten gespielt, bevor wir am Ziel von unseren Lehrern und Begleitern in die jeweiligen Sehenswürdigkeiten eingeweiht wurden.

Mit dem Rad gemeinsam unterwegs …

Immer unterwegs

Fit waren wir in diesem Alter. Lange Schulwege machten uns nichts aus. Wer von uns in der Stadt wohnte, konnte das sogar mit einem richtigen Schaufensterbummel verknüpfen und schon einmal daran denken, was er so alles kaufen würde, wenn er selbst Geld verdient. Und wer auf dem Dorf lebte, der kannte jeden Weg und Steg und war mit der Natur verbunden.

Auch nach der Schule hielt es uns absolut nicht zu Hause. Wir waren ständig irgendwo unterwegs. Glücklich schätzte sich der, der mit dem Fahrrad die Umgebung erkunden konnte. Natürlich waren das keine blitzenden Gefährte, mit denen wir unterwegs waren. Die meisten von ihnen hatten schon viele Jahre unseren Eltern gedient oder waren aus verwertbaren Einzelteilen zusammengebaut worden. Viele trugen auf dem vorderen Schutzblech ein Markenzeichen schon vor dem Krieg bekannter Firmen. Wir erinnern uns gut an Sättel, die oftmals Lederflicken zierten, an die Gesundheitslenker, denen wir mit geschicktem Griff etwas von ihrer Starre zu nehmen vermochten. Wir putzten und ölten, flickten die Schläuche und waren in allen Reparaturhandgriffen bewandert. Und ging es mal wirklich nicht, dann fand sich immer eine kleine Werkstatt, die uns aus der Verlegenheit half. Wer von uns zum Geburtstag oder zu einem anderen Fest ein neues Fahrrad bekam, der wurde bewundert. Wir radelten mit Freunden und bestritten so manchen Wettbewerb darum, wer am meisten Kraft in den Beinen hatte. Das Fahrrad bedeutete für uns ein ganz erhebliches Stück Freiheit.

Im Sommer ging's ins Schwimmbad oder an einen See.

Ein großer Tag: Die Konfirmation

Unvergessen sind die einmaligen Fest- und Feiertage. So war bei denen von uns, die katholisch erzogen worden waren, die Kommunion ein solches Erlebnis. Es ging um die Bindung an die und den Platz in der Gemeinde, die ja ein wichtiger Teil von uns war und bleiben sollte. Wer von uns evangelisch erzogen worden war, für den ging es um die Konfirmation. Wir hatten die Konfirmationsstunden besucht, hatten uns mehr oder weniger darauf vorbereitet, waren in die Gottesdienste gegangen, um auch den unabdingbaren Nachweis des eigenen Willens, in die Gemeinde aufgenommen zu werden, zu haben. Viele unserer Mütter hatten nun eine neue Sorge. Ein Kleid, ein Anzug mussten besorgt werden. Auch ein kleines Festmahl war zu zaubern. Unter den

Konfirmation: Pose beim Fotografen, …

… zu Hause …

damaligen Bedingungen war das gar nicht so leicht. So manche von uns erfuhren Hilfe von Verwandten und Bekannten.

Im Gottesdienst wurden wir von den Gemeindegliedern, darunter unsere Eltern, Geschwister, Verwandten und Bekannten, mit Aufmerksamkeit betrachtet. Eigentlich hielten wir uns doch recht gut, wenn man die kleinen Unsicherheiten, die das Auftreten in der Öffentlichkeit hervorruft, einrechnet. Die meisten von uns haben auch heute noch ihren Bibelspruch, der sie auf dem weiteren Lebensweg begleiten sollte.

Gefeiert wurde in den meisten unserer Familien ganz bescheiden zu Hause. Der Kreis der Gäste war recht klein, der selbst gebackene Kuchen schmeckte prima, und ein Gläschen durfte auch getrunken werden. Und so mancher Junge von uns probierte sogar eine Zigarette, die er diesmal nicht heimlich rauchen musste, sondern die ihm sogar angeboten wurde. Die Geschenke hielten sich natürlich in Grenzen. Für die Mädchen hielten die Eltern, Verwandten und Bekannten Sammeltassen, Silberteller, elegante Taschen- oder praktische Geschirrtücher für passend. Wir Jungen freuten uns über Taschenmesser, Briefmappen, Manschettenknöpfe oder Krawattennadeln. Es sollte eben etwas Bleibendes und zugleich Praktisches sein.

… und beim Gruppenbild der Konfirmanden.

Letzte Gemeinsamkeit: das Klassenbild.

Eine weitere Etappe bewältigt

Nun ging auch die Schulzeit zu Ende. Wir hatten mehr oder weniger erfolgreich die 8. Klasse erreicht. Den Ranzen der ersten Schuljahre hatten wir längst durch eine Aktentasche, die lässig unter dem Arm getragen wurde, ersetzt. Welch wunderbare Zeit lag vor uns! Wer keine weiterführende Schule besuchen wollte, der sah eine verheißungsvollen Zukunft vor sich: Nicht mehr immer nur lernen, nicht mehr die Angst, unvorbereitet an die Tafel gerufen zu werden, nicht mehr das gelernte Gedicht aufsagen, nicht mehr nachsitzen. Dabei hatten wir uns ganz tapfer geschlagen. Hatten wir einmal nicht gelernt, dann half ein besserer Mitschüler, ein Spicker unter dem Heft oder eine Formel, die auf den Arm geschrieben wurde. Mädchen hatten es etwas leichter. Schließlich konnten sie ein Zettelchen unter den Rock schieben. Aber wie überall: Erwischen lassen durfte man sich nicht. Das sollte nun vorbei sein. Aufgeregt nahmen wir unsere Zeugnisse entgegen und brachten sie mit mehr oder weniger Stolz nach Hause. Zum Abschluss gehörte natürlich ein Klassenbild mit den Klassenlehrern, das viele von uns in ihren Fotoalben bewahren.

Ganz lässig trugen wir die Schultaschen.

Ein Massenmedium entwickelt sich

Zunächst war das Radio das Medium der Stunde. Mit ihm war man mit der Welt verbunden, mit ihm kam Unterhaltung in die Wohnungen, mit ihm wurde man informiert. Neben Lang- und Kurzwelle war die Ultrakurzwelle (UKW) in den Fünfzigerjahren eine bedeutende Entwicklung für diesen Bereich der Kommunikation. Dabei war bereits das Radio ein Luxus, den sich viele Menschen gar nicht leisten konnten. Doch von der großen Masse der Menschen überhaupt nicht richtig wahrgenommen, hatte sich bereits ein neues Medium entwickelt: das Fernsehen.

Am 25. Dezember 1952 wurde der regelmäßige Sendebetrieb aufgenommen. Davor lag eine lange Entwicklung. Nach dem Krieg hatten die Besatzungsmächte ein waches Auge und offenes Ohr für die sich wieder einstellenden Medien, um jegliche Verbreitung des Gedankenguts der letzten Jahre deutscher Vergangenheit zu verhindern. Am 12. Juli flimmerte das erste Fernseh-Testbild über die wenigen Bildschirme. Da vermochten sich wohl nur wenige Menschen vorzustellen, welche Beschleunigung die Entwicklung nehmen würde.

Die ersten Programme beschränkten sich auf wenige Stunden am Abend. Das war schon was, wenn sich die Gaststätten füllten, weil die Sendung begann, oder wenn sich Besuch ansagte bei den Glücklichen, die ein solches Gerät ihr Eigen nannten. Man saß still, wie im Kino. Zwar hatte man Mühe, auf dem kleinen Bildschirm alles zu erkennen, doch was machte das? Den ersten Fernsehern sah man deutlich die Verwandtschaft mit dem Radio an. Doch so langsam mauserte sich das Gerät, der Bildschirm wurde größer und die Fernsehröhre sogar in eine richtige Kombination mit Radio und Plattenspieler integriert. Mit der Entwicklung der Technik – wer weiß noch, dass es in den Fünfzigerjahren sogar eine Fernbedienung, allerdings mit Kabel, gab? – hielt die Ausweitung des Fernsehprogramms Schritt. Fernsehansagerinnen und Nachrichtensprecher wurden zu bekannten Prominenten. Sehr zeitig gab es Kochsendungen, Kindersendungen und richtige Shows. So hieß die Sendung um 21.00 Uhr am 26. Dezember 1952 „Eine nette Bescherung". Moderiert wurde sie von Peter Frankenfeld, dabei waren unter anderem Helmut Zacharias, Ilse Werner und die Cypris. Die Kindersendungen waren sehr pädagogisch ausgerichtet, so wurden sogar Verhaltensregeln gesendet. Sport, Auslandsberichte, Krimis und Serien, Humoristisches und Politisches ließen nicht lange auf sich warten.

Auch das, was wir heute unter Talkshows verstehen, war zu erleben: 1953 wurde der erste Internationale Frühschoppen gesendet.

Start ins Berufsleben

Mit 14 Jahren waren wir ja fast erwachsen. Für die meisten von uns begann ein neuer Lebensabschnitt. Wir sollten und wollten etwas Ordentliches werden. Natürlich hatten unsere Eltern ein gewichtiges Wort mitzusprechen, zumindest konnten wir auf ihre Lebenserfahrung bauen. Sollten wir weiter zur Schule gehen oder eine Lehre beginnen, um schnell Geld zu verdienen? So mancher von uns setzte sich gegen die Eltern mit seinem Berufswunsch durch.

Vorbereitung auf die Arbeit im Büro …

… und in der Werkstatt.

Es war die Zeit des Aufbaus, an Lehrstellen mangelte es nicht. „Handwerk hat goldenen Boden“, hörten wir immer wieder, oder „Schuster, bleib bei deinen Leisten“. Damit waren für Mädchen und Jungen typische Berufe gemeint. Mädchen gingen ins Büro, wurden Friseuse, Verkäuferin oder Krankenschwester. Auch eine Lehre in einer Textilfabrik oder sogar in einer Bank kam infrage. Für Jungen kam besonders ein Handwerk ins Blickfeld, am besten das, das der Vater erlernt hatte. Gute Chancen hatte der, der sich einen Beruf auf dem Bau erwählt hatte, aufzubauen gab es genug. Wer von uns gute Leistungen in der Schule hatte und durch die Eltern abgesichert war, der drückte nach den wohlverdienten Ferien weiterhin die Schulbank mit Aussicht auf die Mittlere Reife oder das Abitur und einen späteren Studienplatz. Aber jeder von uns war sich bewusst: Eine entscheidende Lebensetappe war zu Ende gegangen, eine neue begann. Und der sahen wir erwartungsvoll entgegen.

Bully Buhlan.

Hits der Jahre 1950/1951

Maria aus Bahia
(Danielle Mac/René Carol)
Capri-Fischer
(Rudi Schuricke)
Im Hafen von Adano
(René Carol/Lonny Keller)
Von den blauen Bergen kommen wir
(Goldy und Peter de Vries)
Wer soll das bezahlen
(Jupp Schmitz)
Winke, winke
(Evelyn Künnecke)
Florentinische Nächte
(Rudi Schuricke)
Hab'n se nich' ne Braut für mich
(Bully Buhlan)
Pack die Badehose ein
(Cornelia Froboess)
O wie bist du schön
(Will Glahé)
C'est si bon
(Renée Franke)

Bunt, verlockend, aufreizend

Die Schulbücher und die von den Erwachsenen empfohlene Literatur waren nicht gerade das, was Dreizehn- oder Vierzehnjährige ungemein begeistert. Der größte Teil der Freizeit wurde damals ohnehin außerhalb der Wohnung verbracht, doch das überreiche Angebot an den Kiosken zog wohl jeden Jugendlichen magisch an. Vor allem zwischen dem Grau der Nachkriegszeit wirkten die Buden wie bunte Paradiesvögel. Auf wenigen Quadratmetern war eine ganz neue Welt zu besichtigen. Zeitungen mit großen Schlagzeilen, Illustrierte, Abenteuer- und Comic-Heftchen lockten zum Betrachten, luden zum Blättern und Lesen ein. Da gingen Heftchen von Hand zu Hand, wurden verliehen, getauscht, oder, bei einem besonderen Knüller, auch mal etwas über dem Handelspreis verkauft.

Kennst du das? Diese Frage ging um, regte an. Und manchmal konnte man nicht schnell genug den Inhalt verschlingen! Da wurde in der Schulstunde auch mal unter der Bank aufgeschlagen, was dorthin nun überhaupt nicht gehörte. So ganz allmählich tauchten Heftchen auf, die einer Ideologie verbunden waren, die man nach dem verlorenen Krieg und dessen unermesslichem Leid für endgültig überwunden hielt. So erregten die Landser-Heftchen, die wöchentlich erschienen, bei so manchem Jungen Aufmerksamkeit. Es waren unauthentische, kriegsverherrlichende Abenteuergeschichten.

Die Schlagzeilen der Boulevardblätter waren bereits damals, gemessen an ihrem Inhalt, riesig, doch ganz so freizügig wie später waren die in den Illustrierten abgebildeten Damen nicht. Und doch lockten sie mit Hochglanzlächeln zu näherer Betrachtung, regten zu Wünschen und Überlegungen über die Gestaltung des Lebens an, die kaum einer verwirklichen konnte. Doch was tat's. Der Unterhaltung wurde Rechnung getragen, die Bedürfnisse nach einem Ausbruch aus gängelnden Verhältnissen entwickelten sich, die modischen Vorgaben drängten langsam nach Verwirklichung im eigenen Bereich, auch wenn die finanziellen Möglichkeiten wahrlich enge Grenzen setzten.

Schau mal dort!

Zu jungen **Erwachsenen** gemausert

Radio, Plattenspieler, Fernsehen

Wer von uns konnte sich schon vorstellen, dass wir einmal Filme nicht im Kino, sondern im Wohnzimmer sehen würden? Unsere musikalische und informative Unterhaltung kam zunächst aus dem Radioapparat. Und das war nicht nur eine Geräuschkulisse so nebenbei. Hörspielen lauschten wir auch ohne Stereosound hingebungsvoll, da durfte uns niemand stören. Und bei der Musik waren wir vor allem bei den Sendern von AFN und BBC genau richtig.

Ein Plattenspieler war für viele von uns ein besonderer Wunsch. Und wer ihn erfüllt bekam oder ihn sich selbst erfüllen konnte, der war glücklich. Die schwarzen Scheiben gestatteten das unbegrenzte Hören der Lieblingsmusik. Manche von uns bevorzugten die eingängigen Schlager, konnten sie sogar nachsingen, sie gingen einem manchmal eben nicht aus dem Ohr. Andere wendeten sich

Chronik

5. März 1953
Stalin stirbt im Alter von 73 Jahren in Moskau.

3. Mai 1953
Der Auslandsrundfunksender „Deutsche Welle“ nimmt seinen Betrieb auf.

3. Juli 1953
Der österreichische Alpinist Hermann Buhl besteigt als Erster den neunthöchsten Berg der Erde – den Nanga Parbat.

11. Februar 1954
Der Film „Die letzte Brücke“ von Helmut Käutner wird uraufgeführt.

17. Juni 1954
In der Bundesrepublik wird erstmals der „Tag der deutschen Einheit“ als gesetzlicher Feiertag begangen.

4. Juli 1954
Die Bundesrepublik wird mit einem 3:2-Sieg über Ungarn in Bern Fußballweltmeister.

28. August 1954
In Frankfurt/Main wird das Goethe-Museum wiedereröffnet.

7. Oktober 1955
Die ersten Spätheimkehrer aus sowjetischer Kriegsgefangenschaft treffen in Friedland ein.

23. Dezember 1955
Der österreichische Spielfilm „Sissi“ mit Romy Schneider und Karlheinz Böhm wird in München uraufgeführt.

5. Januar 1956
Die ersten 50 Gastarbeiter aus Italien treffen ein.

18. Januar 1956
Die Volkskammer der DDR beschließt die Schaffung der Nationalen Volksarmee (NVA).

1. März 1957
Mehrere Betriebe der Bundesrepublik führen die 45-Stunden-Woche ein.

18. Juni 1957
Das Gesetz über die Gleichberechtigung von Mann und Frau wird verkündet.

4. Oktober 1957
Die UdSSR starten den ersten künstlichen Erdsatelliten „Sputnik1“.

den englisch gesungenen Titeln zu. Selbst mit diesem Akzent gesungene deutsche Volkslieder stießen plötzlich auf nicht geahntes Interesse.

Wir kannten die meisten Lieder (Songs haben wir damals noch nicht gesagt), kannten die Interpreten und kannten die englische Sprache kaum. Aber das machte gar nichts, wir spürten, dass diese Musik unser Gefühl ansprach. Wir machten uns gegenseitig auf die neuesten Hits (so bezeichneten wir die allseits beliebten Titel damals auch noch nicht) aufmerksam.

Als die ersten Fernseher in den Geschäften standen, drängten wir uns vor den Schaufenstern. Die Mattscheibe war klein, das Bild schwarz-weiß, und so deutlich konnten wir die Einzelheiten nicht erkennen. Stolz waren diejenigen von uns, die bei Bekannten oder Verwandten dem Fernsehen richtig nah waren oder deren Eltern einen solchen Kasten in der Wohnung hatten.

Liebe, Abenteuer und Unterhaltung

Wohin gingen wir am Wochenende? Natürlich ins Kino. In jeder Stadt gab es mehrere Kinos, selbst auf den Dörfern kam der Film in den Saal der Gaststätten. Im Kino saßen wir still und gespannt. Was da über die Leinwand

Verführerische Pose an der häuslichen Musiktruhe.

flimmerte, hielt uns in Bann. Den Märchenfilmen waren wir entwachsen. „Der Graf von Monte Christo“ mit Jean Marais war viel spannender. Oder „Das Tor zur Hölle“ und „Die Wüste lebt“. Um die Liebe ging es oft, wie in den Streifen „Die tolle Lola“, „Vom Winde verweht“, „Mädchenjahre einer Königin“, „Gitarren der Liebe“, „Brot, Liebe und Phantasie“ und vielen anderen. Über die Kriegszeit erfuhren wir etwas bei „08/15“ oder „Des Teufels General“. Heinz Rühmann flog wieder in „Quax in Afrika“. Von „Feuerwerk“ war das Lied „Oh mein Papa“ in aller Munde. Die „Pferdediebe am Missouri“ begeisterte uns ebenso wie „Der Dschungel lebt“, der uns nach Indien entführte.

In manchen Film wurden wir nicht hereingelassen, doch das Kennzeichen „Jugendverbot“ reizte uns erst recht. „Hochstapler der Liebe“, „Gefährliche Schönheit“, „Am Anfang war es Sünde“ gehörten zum Beispiel dazu. Die Kontrollen waren reichlich streng. Doch so manchen Kartenabreißer konnten wir, die wir noch keinen Ausweis besaßen, mit anderen Dokumenten austricksen. Heimatfilme („Schicksal am Berghof“, „Der Förster vom Silberwald“) verfolgten wir ebenso wie Handlungen im fernen Osten. Und beim Film „Die kleine Stadt will schlafen gehen“ amüsierten wir uns köstlich.

Ein Volksaufstand

Der 17. Juni ist zu einem feststehenden Begriff für die Auflehnung gegen die „Diktatur der Arbeiterklasse", so die offizielle Bezeichnung der Regierenden in der DDR, geworden. Aber gerade die Arbeiter waren es, die sich gegen die Regierenden erhoben. Erhebliche Normerhöhungen waren der Auslöser für die Unzufriedenheit. Die Bauarbeiter in der Berliner Stalinallee begannen am 16. Juni 1953 die Arbeit niederzulegen und zu demonstrieren. Schnell schlossen sich Werktätige anderer Bereiche und Betriebe an. Streiks und Demonstrationen weiteten sich auf das gesamte Gebiet der DDR aus. War es zunächst völlig offen, wie sich die angespannte Lage weiterentwickeln würde, da Partei- und Staatsführung einer solchen Situation nicht gewachsen schien, so war der Einsatz sowjetischer Panzer eine Garantie dafür, dass die Macht der Regierenden in der DDR erhalten werden konnte.

Vonseiten der DDR-Führung wurden die Ereignisse um den 17. Juni als westliche Provokation und konterrevolutionäre Aktivitäten bewertet. Seitens der Bundesrepublik war es ein Volksaufstand gegen das verhasste Regime der DDR, und das Datum 17. Juni wurde zu einem Feiertag erhoben.

Bewegender Rhythmus

Den Kinderliedern waren wir entwachsen und Volkslieder waren nicht unsere Sache, außer bei den Pfadfindern, die mit Mundharmonika und Gitarre unterwegs waren. Die bekannten Schlager aus den Filmen der Nazizeit kannten wir von unseren Eltern. Doch nun war Neues zu hören. „Heimweh" zum Beispiel von Freddy Quinn, oder „Eventuell" von Caterina Valente. Und wenn sie „Steig in das Traumboot der Liebe" sang, schmolzen unsere Mädchen dahin. Wer von uns kennt Illo Schieder? Sein „Sieben einsame Tage" haben einige in Erinnerung. Peter Alexander, Silvio Francesco, Willy Hagara, Bill Ramsey oder Bully Buhlan und viele andere sind uns natürlich ein Begriff.

Da stimmt mit dem Idol alles perfekt überein.

Mit den Amerikanern kamen ganz neue Töne zu uns. Die Klänge und der Rhythmus der Militärband von Glen Miller brachten uns Jugendliche in Schwung. Die Musik vom Hazy-Osterwald-Sextett war uns immer präsent. Und mit Elvis Presley hatten viele von uns ein richtiges Idol gefunden, nicht nur musikalisch, sondern auch vom Aussehen her. So mancher von uns besorgte sich eine Gitarre und versuchte sich ebenso locker zu geben, seinen Hüftschwung zu kopieren. Seine Stimme und seine Lieder fanden viele Nachahmer. Den richtigen Sound vollbrachte natürlich auch eine Bigband.

„Negermusik" nannten die Erwachsenen abwertend den Jazz und alles, was musikalisch in diese Richtung ging. Wir verstanden nicht, was daran auszusetzen war. Die meisten von uns haben ihre musikalischen Idole bis heute in guter Erinnerung behalten.

Unterwegs in deutschen Landen

Wir waren in einem Alter, in dem wir mehr von Umgebung und Heimat kennen lernen wollten. Mit Klassen, Freunden und Jugendgruppen gingen wir auf Fahrt. Wir fuhren in die Natur, wir besichtigten Burgen und viele Sehenswürdigkeiten. Ins Ausland ging es damals selten, doch der Reiz des völlig Fremden lockte uns mit der Zeit immer mehr.

Na, ist das eine ganz besondere Erinnerung?

Gemeinsame Fahrten …

Nach einem solchen Ausflug fühlten wir manchmal die Enge unserer täglichen Umwelt.

Für solche Vorhaben kleideten wir uns zünftig. Waren die Hosen für uns Jungen zu kurz geworden – als Knickerbocker und mit karierten Kniestrümpfen getragen, sahen sie immer noch ganz schick aus. Die Mädchen trugen Kleider und Röcke. Auf diesen Ausflügen bildeten sich Freundschaften, und meist waren wir eine ganz lustige Truppe. Wir ließen uns fotografieren, um Erinnerungen fest zu bewahren. Mit der Zeit verblasste die Vergangenheit etwas, neue Eindrücke nahmen uns gefangen. Doch wenn wir heute die Bilder betrachten, kehren die Zeiten zurück und wir fragen uns, was aus so manchem geworden sein mag, den wir aus den Augen verloren haben.

Galant und selbstsicher

Gutes Benehmen und Höflichkeit wurden von unseren Eltern und Lehrern gefordert. Wo konnten wir das besser lernen als in der Tanzstunde? Schließlich wollten wir später nicht nur im Beruf zurechtkommen, sondern auch im Privaten die gesellschaftlichen Normen erfüllen. Und nicht zuletzt: Das andere Geschlecht übte immer stärker einen neuen Reiz aus.

Da saßen wir nun. Die Mädchen in einer Reihe, die Jungen gegenüber. Die Aufforderung der Tanzlehrerin oder des Tanzlehrers, eine Wahl zu treffen, brachte Bewegung in die Jungenreihe. Wer noch keine sichere Partnerin hatte, hatte längst mit Blicken seine Wahl getroffen und musste zusehen, die Richtige zeitig genug zu erreichen. Höflichkeit war geboten: Verbeugung, die Worte „Darf ich bitten?" und der aufrechte Gang zur Tanzfläche.

Der Abschlussball der Tanzstunde stellte uns Jungen wieder vor ein Problem: Welche Farbe würde das Kleid der Partnerin haben, damit die Blumen dazu passen? Würden wir, mit Krawatte und im Anzug und bei der Aufregung, vor den Eltern zu beweisen, dass wir uns durchaus im Tanz

Gesellschaftsfähig:
Abschlussball der Tanzschule.

sehen lassen konnten, nicht zu sehr in Schweiß geraten? Bei den jungen Damen war die Spannung nicht geringer. Absatzschuhe gehörten ja nicht zur täglichen Garderobe, ihnen musste man beim Gehen besondere Aufmerksamkeit schenken.

Als die Musik einsetzte, war der Höhepunkt unserer Aufregung erreicht. Jetzt galt es, sich auf die Schrittfolge zu konzentrieren und eine Miene aufzusetzen, die allen signalisierte: Für mich ist das kein Problem. Zum Abschluss gab es ein Gruppenbild mit allen Tanzpaaren. Natürlich begleiteten wir jungen Herren die Dame galant nach Hause.

Doch die gesellschaftlich akzeptierten Tänze wurden bald durch einen neuen Tanz in den Hintergrund gedrängt. Der Boogie-Woogie kam wie eine Sturmflut über uns, und viele von uns bewunderten die Könner, die Kaugummi kauend mit beeindruckender Lässigkeit ihre Partnerinnen herumwirbelten.

Die erste große Liebe

Wir hatten gemeinsam gespielt, gealbert, waren zusammen herumgetollt. Wir Jungen und Mädchen waren vor allem Spielgefährten, Freunde oder gute Kameraden. Natürlich war uns der oder die eine aufgefallen. Wir hatten uns aber gehütet, uns unsere Zuneigung vor den anderen anmerken zu lassen. Zu leicht konnten wir zu Gelächter und Getuschel Anlass geben, und wir wollten natürlich nicht zum Gespött werden. Doch immer mehr übte auf uns das bestimmte Mädchen oder der bestimmte Junge eine stärkere Anziehungskraft aus. Wir schafften es, uns allein zu treffen, uns von den anderen etwas abzusondern. Wie wunderbar war es doch, zusammen ins Kino zu gehen oder dort baden zu gehen, wo die anderen nicht hinkamen. Was war da nicht alles zu besprechen. Da kamen wir abends meist später nach Hause. Auf Fragen

Romantik pur:
Verliebt im Grünen.

unserer Eltern antworteten wir ausweichend, und manchmal musste eine kleine Notlüge herhalten. Natürlich kam es nicht gleich zum ersten zaghaften Kuss. Und Händchenhalten in aller Öffentlichkeit war für uns undenkbar. Wir waren – bei allen Ausnahmen – eben doch eine recht schüchterne, gut erzogene Generation.

Die Zöpfe fallen

Wird ein alter Zopf abgeschnitten, bedeutet das, sich von Althergebrachtem zu trennen. Das ist manchmal schmerzhaft. Schmerzhaft war es aber auch manchmal, wenn unsere Mutter, Großmutter oder größere Schwester die langen Haare der Mädchen durchkämmte und zu Zöpfen flocht. Zugleich war ein schöner Zopf Zeugnis ihrer Kunstfertigkeit, und sie wussten, ihr Mädchen mit Zöpfen war eben noch ein Kind.

Doch nun war es an der Zeit, einen weiteren Schritt zum Erwachsenwerden zu gehen und der Mode der Zeit Rechnung zu tragen. Vor der Konfirmation kam das auf keinen Fall infrage. Nun aber war der Gang zum Friseur unvermeidlich. Als die Schere ihr Werk begann, war das für die Mädchen zumindest bedenklich, sogar ein wenig Trauer machte sich breit. Dauerwelle war modern, an den Bubikopf erinnerten sich sogar unsere Mütter. Was war angemessen? Es wurde jedenfalls kurz und auf alle Fälle schön. Ungewohnt war es zunächst schon, und nicht jede fühlte sich gleich so richtig wohl. Doch das Spiegelbild zeigte: Wir waren wieder ein Stück erwachsen geworden.

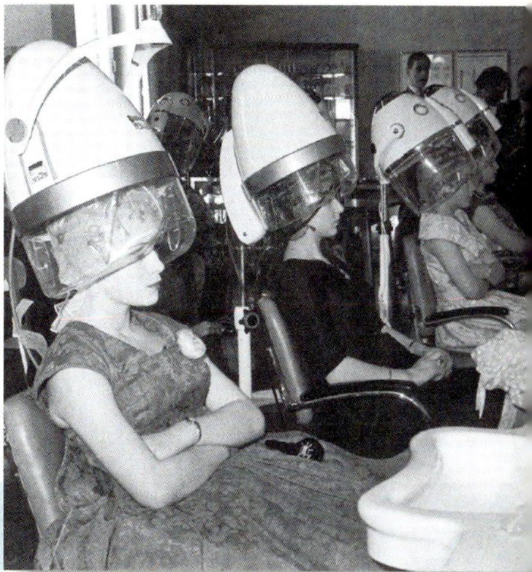

Reihenweise unter der (Trocken-)Haube.

Unterschiedliche Erfahrungen

Es gehört zu den Besonderheiten in Deutschland, dass sich die Entwicklung vieler Kinder und Jugendlicher innerhalb von 40 Jahren unter ganz unterschiedlichen politischen Verhältnissen und damit auf verschiedene Art vollzog. Bereits mit den Besatzungsmächten und der Bildung ihrer Besatzungszonen zeichneten sich differenzierte Wege ab. Machten die Kinder bereits mit den amerikanischen, britischen und französischen Soldaten unterschiedliche Erfahrungen, so stand die Begegnung mit Soldaten der Roten Armee unter einem ganz anderem Stern.

Die Angst vor dem Kommunismus und Bolschewismus saß tief, viele Menschen flüchteten bereits bei dem Näherkommen der östlichen Front mit ihren Kindern in die westlichen Teile Deutschlands, nach Kriegsende in die westlichen Besatzungszonen, und auch nach der Gründung zweier deutscher Staaten hörte die Flucht nicht auf. War „im Westen", wie man allgemein sagte, vor allem der amerikanische Einfluss groß, so wurde im Osten Deutschlands die sowjetische Herrschaft als Vorbild für eine erstrebenswerte Ordnung gesehen. Dementsprechend wirkten unterschiedliche, ja geradezu gegensätzliche Einflüsse auf Kinder und Jugendliche. Und das in allen Bereichen des Lebens. Die Kinder in der DDR wurden in der Mehrzahl Junge Pioniere, mit dem entsprechenden Alter wechselten sie meist ganz automatisch in die Freie Deutsche Jugend (FDJ). Es war keinesfalls so, dass deren Mitglieder das als Zwang empfanden. Bei den Pionieren wurden Spiele gemacht, es wurde gesungen, gewandert und gezeltet. Die Ferienlager fanden einen großen Anklang. Es gefiel sogar Kindern aus dem westlichen Teil Deutschlands bei solchen Ferienaufenthalten.

Während im westlichen Teil die Erziehung auf eine individuelle Entwicklung im Sinne eines demokratischen Verständnisses gerichtet war, war sie im östlichen Teil auf ein Kollektivbewusstsein orientiert. Gegenseitige Hilfe, Solidarität, Übernahme von Verantwortung waren wichtige und erstrebenswerte Ziele der jugendlichen Entwicklung. Mit der zunehmenden Abgrenzung zwischen der Bundesrepublik und der DDR wurden natürlich auch die Einflüsse der jeweiligen Seiten stärker und unvermeidlich.

Weite und schwingende Kleider

Wer von den Mädchen schick sein wollte, trug Rock oder Kleid weit und schwungvoll. Getanzt wurde natürlich keinesfalls in Hosen. Was gab es da für die Mädchen doch für eine tolle Neuerung: den Petticoat. Es war nicht leicht, ein solches Stück immer in die richtige Fasson zu bringen. Waschen, stärken, bügeln erforderten einiges Geschick. Zu viel durfte nicht gestärkt werden, die Gefahr, dass die guten hauchdünnen Strümpfe reißen könnten, war groß. Wer für mehr Weite sorgen wollte, trug auch mal zwei oder drei Petticoats übereinander. Was war es da für ein Segen, dass die chemische Industrie helfen konnte.

Petticoats aus Schaumstoff wurden zum Renner und heiß begehrt. Sie waren leicht und praktisch. Und wenn die Mädchen zusammen durch die Straßen gingen, waren sie sich der bewundernden Blicke der männlichen Verehrer sicher.

Wie aufregend!
Anprobe vor dem ersten Ball.

Halbstarke und Teenager

Je älter wir wurden, umso mehr gingen wir unsere eigenen Wege und wollten das auch in unserem Äußeren zum Ausdruck bringen. Der amerikanische Einfluss ließ sich nicht übersehen. Die Mädchen trugen enge Dreiviertelhosen und Pferdeschwanz, der bei musikalischen Klängen so richtig wippte. Die Hosen konnten ruhig gestreift und bunt sein. Wir Jungen fanden uns in taillengeschnittenen Lumberjacks schick. Mit einer Frisur wie Elvis oder James Dean kamen wir bei den Mädels groß raus, auch wenn die morgendliche Toilette nun etwas länger dauerte. Mit einer Zigarette im Mund vervollständigten viele von uns ihr lässig wirkendes Outfit.

Beneidenswert, wer Gitarre spielen kann.

In Gruppen standen wir zusammen, ob auf dem Dorfanger oder einem Platz in der Stadt. Wer ein Kofferradio hatte, sorgte unter uns für die richtige Stimmung. Die Erwachsenen schüttelten die Köpfe und bedachten uns sogleich mit einem Namen: Halbstarke. Dabei fühlten wir uns ganz stark, und manchmal gingen wir vielleicht etwas zu weit. Doch das war nichts gegen heutige Auseinandersetzungen unter Jugendlichen. Natürlich fühlten wir uns in der Clique wohl. Aus den absolut meisten von uns ist trotzdem etwas geworden, und gern denken wir an diese Zeit zurück.

Aus uns ist etwas geworden

Ja, das waren Ausschnitte aus unserer Kindheit und Jugend. So mancher von uns hat vieles erlebt, das in diesem Buch keinen Eingang gefunden hat. Viele mussten Schwereres durchmachen, manche hatten es leichter. Jeder von uns hat aber seine persönliche Erinnerung, jedem hat sich etwas Besonderes eingeprägt. In uns allen aber hat diese Zeit nachgewirkt. Und wenn wir gefragt werden, warum wir dieses und jenes so tun, wie wir es tun, warum wir so und nicht anders denken, dann

Was sich liebt …

Vier Generationen, die zwei
Kriege überlebt haben.

schwingt auch darin mit, was uns begleitet und geprägt hat. So manches Foto, das wir unseren Kindern und Enkeln zeigen, so manche Erzählung, die sie interessiert aufnehmen, ruft manchmal Belustigung, manchmal Bewunderung hervor. Doch ihre Zeit ist eine andere. Wer von uns wäre damals schon freiwillig mit einem Rucksack zur Schule gegangen? Wer von uns hätte je gewagt, sich in einer WG einzumieten? Wer von uns hätte aber nicht auch gern alle die Möglichkeiten genutzt, die Kinder und Jugendliche heute haben?

Nein, neidisch sind wir nicht. Jeder wird in seine Zeit hineingeboren, in die er ganz selbstverständlich hineinwächst, in der er sich einzurichten lernt, mit der er mitgeht oder mit der er vielleicht etwas später auch hadert. Doch das Prägende in seinem Leben kann keiner von uns vollständig verleugnen. Zu Kriegsbeginn wurden wir geboren, nach Kriegsende eingeschult. Der Nachkriegszeit verdanken wir die vielfältigen Eindrücke unserer Kindheit und Jugend.

Auch wir haben Erzählungen unserer Eltern und Großeltern gehört. Was davon hat uns wirklich im Inneren berührt? Wie tief saß und sitzt der Satz: Nie wieder Krieg, nie wieder eine Waffe in die Hand nehmen? Zeiten ändern sich, Menschen auch. Wirkliche Geschichte lebt von Einzelschicksalen. Und wir sind ein kleiner Teil davon.